詩로 쓰는 그대

이완근 기자의
〈미용인보〉 3

詩로 쓰는 그대

드림포

서문

기자와 함께한
미용인 스물네 분에 대한 이야기와 시

  기자가 미용인보1 『우리 사이에 詩가 있었네』와 미용인보2 『우리 사랑하는 동안에』란 단행본을 출간한 때는 지난 2021년 5월과 2023년 8월이었습니다.
  '미용인보'는 미용계에서 기자와 특별한 인연을 맺어오고 있는 미용인 한 분에 대한 시와 에피소드를 사진과 함께 매달 소개하고 있는 꼭지입니다. 생의 맛과 멋을 지니고 사시는 미용인 분들과 기자와의 인연을 모티브로 연재했는데, 연재와 동시에 독자들의 반응이 뜨거웠습니다. '미용인보'를 읽다 보면 미용인들의 삶이 어떤지를 개략적으로나마 알 수 있어서 좋다는 반응이었습니다.

'미용인보'를 연재하면서 기자는 몇 가지 규칙을 정했습니다.
 첫째는 평소 기자와 소통을 하며 유쾌한 에피소드를 많이 공유하고 계신 미용인
 둘째는 미용인으로서 자기 나름의 세계를 구축하고 계신 분
 셋째는 미용인의 정과 의리를 가지신 분
 넷째는 마음이 아름답고 멋을 아시는 미용인 등등

 이번에 2023년 5월부터 2025년 5월까지 뷰티라이프에 연재했던 스물네 분을 모아 『詩로 쓰는 그대』란 단행본으로 출간합니다.
 여기 소개하는 스물네 분은 미용인으로서 성공도 했지만 인간적인 면에서 어디 내놓아도 손색이 없는 인성을 가지신 분들입니다. 미용 분야에서 각자의 세계를 구축하고 계신 분들입니다. 기자는 미용인을 말할 때 정과 의리, 아름다움과 봉사를 천직으로 알고 사는 사람들이라고 말합니다.

요즘 미용계가 이러한 전통에서 벗어나고 있는 경향이 많다고 합니다. 그러나 기자는 아직도 대다수의 미용인들이 정과 의리, 아름다움과 봉사정신을 갖추고 있다고 믿습니다. 더불어 오늘 소개하는 스물네 분은 인성과 실력 그리고 사는 멋과 맛을 진정으로 알고 계신 미용인 분들입니다.

기자와 오랫동안 교우(交友)하며 많은 도움과 교훈을 주신 분들입니다. 기자와 때론 생각하는 바가 다르더라도 기자를 믿고 묵묵히 지켜봐주신 분들입니다. 미용계의 정과 의리, 아름다움, 봉사정신을 오롯이 간직하고 계신 분들입니다. 그러나 무엇보다도 미용계 각자의 분야에서 자기 길을 개척하고 자기만의 세계를 창조하고 계신 분들입니다.

이분들이 계셨기에 미용계가 한 단계 성숙하고 사회적으로 대우받는 전문가 집단이 되었다고 기자는 확신합니다. 이런 스물네 분들과 기자가 허심탄회하게 만날 수 있었고, 미용계에 대해 다양한 의견을 구할 수 있었던 것은 기자의 미용계 생활 중 가장 큰 행복이자 보람, 긍지였습니다.

미용인 백만 명 중 현업에 종사하는 분들을 대략 30만 명쯤으로 추산합니다. 30만 미용인 중 스물네 분을 모셨으니 기자의 영광입니다.

　이 책을 엮으며 지난 30년간의 미용 기자 생활을 다시 생각하는 시간을 가졌습니다. 가슴 아프고 슬펐던 시간이나 사건이 없었던 것은 아니지만, 기쁘고 행복했던 시간과 교유가 많았던 나날이었습니다. 미용계에 그만큼 정과 의리, 아름다움, 봉사를 추구하는 사람들이 많기 때문이라고 믿습니다. 더구나 여기 소개하는 스물네 분은 즐거움은 물론 어려움까지도 함께 공유하고 나눠왔다고 자부합니다.

　이번에 출간하는 『詩로 쓰는 그대』가 우리 미용계에 널리 알려져서 우리 미용인의 끈끈한 정과 의리, 아름다움, 봉사정신은 물론이고 올곧은 예술인으로 살아가는 미용인을 진정으로 이해하는 데 큰 도움이 되었으면 합니다.

2025년 여름

이완근

1장 소망

14 50년을 메이크업에 바친 인생
(사)한국메이크업전문가직업교류협회 안미려 회장

24 토탈 뷰티 메카를 꿈꾸다
한국업스타일전문가협회 맹유진 수석부회장

34 고향 삼척에서 제 2의 미용 인생을 개척하다
눈부신 하루를 헤어스튜디오 삼척점 이미숙 대표

44 사랑과 공감으로 미용인의 마음을 얻다
인천 남동구지회 김미숙 회장

54 내 기술을 국내외 미용인들께 전수하고 싶다
박성호 미용군단 박성호 대표

64 평생 공부하는 미용인
그로잉살롱 강릉점 이미정 대표

2장 사랑

76   전북의 대표적인 미용 가족
비오비뷰티살롱 김선화 대표

86   미용계의 지평을 넓혀가는 미용인
한국방송고전머리전문가협회 임수빈 회장

96   미용은 나에게 마음의 스승이다
(사)한국미용장협회 서울시지회 노인선 회장

106   미용은 너무나 행복한 직업입니다
경기도 광주 최명주 지부장

116   미용 인생 아름다웠노라
정순옥 미용장

126   아낌없이 주는 삶
미용 예술학 김정숙 박사

3장 지혜

138 미용인의 권익 향상에 최선을 다하다
CMC-CAT (세계미용예술연합회 김경란 한국회장)

148 미용계의 팔방미인
제이비뷰티코리아 송정빈 대표

158 미용 교육자로서의 삶을 개척하다
전, 서울벤처대학원대학교 김진숙 교수

168 소중한 만남은 꼭 이루어지는 법
대한증모가모협회 허정애 회장

178 미용교수로, 미용강사로 에너지를 쏟다
이화여대 글로벌 미래 평생교육원 K 뷰티프로페셔널 CEO 코스 하지송 주임교수

188 미용인으로서 맡겨진 임무에 소임을 다하다
광주 서구 강순자 지회장

4장 행복

200 　곱슬머리의 장인이 되다
　　　　곱슬전문점 〈주다헤어〉 이기은 대표

210 　지회장으로서 미용인의 위상을 지키다
　　　　대구 북구 원동호 지회장

220 　사랑을 실천하며 사는 삶
　　　　리베떼헤어 김종미 원장

230 　미용예술인의 자부심으로 옳음을 실천하며 사는 삶
　　　　경남지회 박소야 전) 회장

240 　지식과 살아있는 현장 경험을 접목하다
　　　　미학연구소 "La belle" 이재숙 소장

250 　카리스마 넘치는 미용재교육계의 작은 거인
　　　　사이리즘 아카데미 사이 리 대표

1장 **소망**

운명처럼 다가오다
-안미려 회장-

한 사람의 삶은
운명처럼 다가오지
하늘 위의 구름처럼
찾아오기도 하고
뒷산의 바람처럼
스며들기도 하지
바위처럼 묵묵히
다가오기도 하지
여기 아름다움을 위해
우리 곁에 다가와
메이크업의 길을
세우고 있는 사람
오직 한길만 고집하다
망부석이 될 사람
그리하여
대한민국의 K-뷰티가
세계에 우뚝 서는 날
가슴으로 힘껏 안기를
고대하는 사람

50년을 메이크업에 바친 일생

안 미 려
(사)한국메이크업전문가직업교류협회 회장

미용의 분화

　기자와 안미려 회장은 아주 오래전부터 알고 지내던 사이다. 특히 2000년 대 초반, 메이크업인들이 협회를 만들기 시작하면서 많은 지각변동이 있었고, 그때마다 기자는 묵묵히 상황을 주시하고 있었을 뿐이다. 물론 몇몇이 어울려 술추렴을 하며 앞날을 예단하기도 했었다.
　이제 시대는 많이 변했고 미용은 헤어, 피부, 메이크업, 네일 등으로 분화되었다. 시대의 흐름에 따른 어쩔 수 없는 변화였다. 예전부터 미용은 보건복지부 소속이어야 하느냐 아니면 문화체육관광부 예하여야 하느냐는 논쟁거리가 있었다. 그 중에서도 메이크업은 문화체육관광부에 속해야 한다는 견해가 우세했다.
　뜬금없이 이런 얘기를 하는 이유는 어떤 분야가 발전하기 위해서는 근본적인 토대를 마련해야 한다고 믿기 때문이다. 그리고 그 토대는 확실한 자기 인식이 확립했을 때 가능한 것이다. 이제는 전체적인 면에서 미용과 메이크업이 상생과 공생할 수 있는 길을 모색할 때가 되지 않았나 하는 생각이다.

말이 많이 빗나갔다. 안미려 회장과는 미용계 여러 행사에서 자주 만날 수 있었다. 스친 정으로 치자면 이웃사촌이 되고도 남겠다. 한편 생각해보면 개인적으로 만나서 담소를 나눈다거나 술자리를 같이한 기억이 거의 없었다. 기자의 소심하고 내성적인 성격 때문이었으리라. 역으로 생각하면 안미려 회장도 기자와 같은 성격일 거라고 유추해 볼 수 있다. 우리는 살아가면서 얼마나 많은 생각의 오류를 범하던가.

어찌됐든 안미려 회장은 메이크업에 대한 애정으로 오늘날의 성공을 이루었다. 더구나 난공불락의 성을 쌓고 있는 것이다. 이는 아무나 이루어낼 수 없는 일이라고 기자는 믿고 있다.

(주)태평양 입사하면서 미용계 첫발

안미려 회장이 미용계에 첫발을 내딛은 때는 지난 1973년 (주)태평양에 입사하면서다. 태평양에 입사하기 전 당시 조흥은행에서 고3 졸업을 앞두고 수습사원으로 근무할 때였다. (주)태평양에서 고3 사회 초년생들을 위한 차밍 메이크업 강좌를 열었고, 그녀는 강의에 참석하였다. 그때

미스코리아처럼 아름다운 메이크업 아티스트들이 그 당시 앙드레 김이 디자인한 제복과 스튜디어스처럼 모자를 쓰고 강의하는 것을 보고 '나도 저렇게 될 수 없을까'라는 막연한 동경과 함께 학교 담임선생님께 은행 근무보다는 미용사원(그 당시에는 뷰티션을 미용사원으로 불렀다고 한다.)이 될 수 있도록 도와달라고 했다.

운명처럼 취업의 기회가 주워졌다. 미용사원으로 입사하여 23년 간 ㈜태평양에 재직하며 기초부터 메이크업까지 뷰티를 접하게 되었으며, 23년 재직 기간 중 마지막 7년은 인력개발원에서 직급별, 계층별 교육을 담당하게 되었다. 재직하면서 문화센터 및 기업 등에서 강의를 하게 되었고, 퇴사 후 본격적으로 선진국의 미용트렌드를 배우기 위해 일본, 파리, 이태리 등 해외 연수를 통해 초창기 메이크업 아티스트로 일하며 자기 계발에 충실했다.

안미려 회장은 태평양 재직 시절을 성공을 위한 밑거름이 되도록 최선을 다했던 시기라고 되돌아봤다. 미래에 대한 통찰력을 가지고 자기 자신을 연마한 덕분이었다.

    태평양 인력개발원에서 화장품 지식과 메이크업을 배우기 시작했고, 그 이후 미용사원 업무(마케팅 시책, 미용실 영업 및 교육, 인력 개발원 등) 교육과정을 거치면서 회사와 더불어 성장하는 자신이 즐거웠고 자랑스러웠다. 해외 출장 시 선진국의 해외 미용연수를 하면서 그 나라의 뷰티 문화와 역사를 아는데 많은 공을 들인 것도 오늘날의 안미려 회장을 있게 하는데 큰 힘이 되었다. 배움에의 열의가 남달랐던 것이다.

뷰티업계 종사 50년

    이제 안미려 회장은 뷰티업계에 종사한 지 50년이 지나고 있다. 한국메이크업전문가직업교류협회장으로서 하는 일도 많다. 생애 주기를 100세 시대로 간주했을 때 거의 1/2를 협회와 함께 하고 있다.

    우선 개최한 것만 해도 〈아시아미페스티벌 뷰티아티스트 콘테스트 2023〉 온라인(4/22일)과 오프라인(5/20일) 대회가 있다. 그 이외에도 21개국과 함께하는 전시회, 공모전, 자격증 개발, 교재개발, 해외 교류 등 눈코 뜰 새 없이 바쁜 나날이 기다리고 있다. 그러나 협회 스텝 및 직원들과 협회 이사진, 회원 그리고 많은 사람들이 함께 하기 때문에 가능

한 일이라고 말한다.

  이뿐만이 아니다. 지난 24년도에는 협회 개설 20년을 앞두고 협회 사무실을 리모델링하여 교육장을 개설, 새로운 도약을 준비했다. 5월부터는 매주 토요일마다 세미나도 진행했다. 또한 2012년부터 매년 개최되는 27개국이 참가하는 2023 아시아모델페스티벌(뉴페이스오브아시아, 오픈컬렉션, 아시아모델시상식) 행사에서도 뷰티 갈라쇼를 성공리에 마쳤다.

  일 욕심이 끝도 없다. 협회 홍보에도 주력하여 인스타, 페이스북 등 SNS를 활성화하여 대내외적인 홍보에도 주력하고 있다. 그리하여 해외에서 유입되는 아티스트들과도 교육의 교류를 활발히 하고 있다.

  안미려 회장의 얘기를 듣고 있노라면 일에 대한 열정을 충분히 느낄 수 있다. 그러면서도 하루 생활을 협회에서 시작하여 협회에서 끝내지만 이런 기회를 주신 하나님께 매일 감사하며 천직이라 생각하고 있다는 말을 잊지 않는다.

"성공적인 삶이라면 나이 들어서까지 자기 일을 즐겁게 할 수 있는 사람이라고 생각한다. 그런 면에서 볼 때 아직도 일하고 있는 나 자신이 고맙고 대견하다. 후배들에게 전하고 싶다. 살아가면서 별별 일이 많다. 좌절, 우울, 한탄 등등 남을 원망하면서 살아간다면 결국 내 자신이 피폐해진다. 나도 이런 사람이었다.

허나 하나님을 믿는 그리스도인이 되면서부터는 스스로 마인드 컨트롤을 하며, 가능한 미움을 없애려고 기도하고 있다. 성공적인 삶을 위해 성실, 노력, 시간활용, 열정, 끈질긴 근성 등은 기본에 속하며 남을 돕고 베풀고 나 자신이 행복해지는 일이 성공적인 삶을 사는 노하우가 아닐까 생각한다."

안미려 회장의 꿈이 하루 빨리 이루어지길...

같은 업계의 후배들을 생각하는 안미려 회장의 마음 씀씀이가 따뜻하다. 글로벌하게 협회를 알리고 싶다는 안미려 회장, 스위스의 시데스코

처럼 우리나라 민간자격증을 세계화 하고 싶다는 안미려 회장, 트렌드에 맞는 자격증을 개발하여 교육의 검증단계를 완성시키고 싶으며, 정부지원을 받아 교강사들의 자질향상을 위해 교육 기회를 제공하고 싶다는 안미려 회장, 해외 유명 대회도 출전케 하여 글로벌한 아티스트로 발돋음할 수 있도록 하고, 뷰티를 배우고 싶은 불후한 청소년들에게 협회가 장학금을 지원하여 청소년들의 미래를 열어주고 싶다는 안미려 회장, 아티스트를 위한 공모전을 통해 검증된 작품들을 전시, 교재개발, 공정한 대회, 해외 교류 등 한국의 뷰티 문화를 선도하고 싶다는 안미려 회장의 모든 꿈이 하루 빨리 이루어지는 날을 기다려본다.

  그리하여 50년 간 뷰티계에 있으면서 '각자 자리에서 열심히 해오신 선구자적인 선배, 동료, 후배가 있기에 더불어 나 자신도 성장하고 오늘의 이 자리가 자랑스럽다.'고 말하고 있는 안미려 회장의 말씀이 우리 미용계에 널리 퍼져나갔으면 하는 바람이다.

- 청운대학교 호텔경영학과 학사
- 남부대학교 산업정책대학원 향장미용 석사
- 서울벤처정보대학원대학교 예술학 박사
- 현) (사)한국메이크업전문가직업교류협회 회장
- 현) (사)한국뷰티스타일리스트직업기능협회 회장
- 현) (사)아시아모델페스티벌 조직위원회 이사27개국)
- 한국산업인력공단 미용사(메이크업) 필기 출제위원
- 한국산업인력공단 미용사(메이크업) 실기 감독위원
- NCS메이크업 학습모듈 개발자
- 현) 중앙대학교 예술대학원 뷰티예술전공 겸임교수
- 현) 서울사이버대학 석좌교수
- 현) 부천대학교 외래교수
- 현) (사)한국모델협회 고문
- 아시아 美페스티발/ 아시아 美어워드 총괄 디렉터
- 아시아 모델 페스티발 조직위원회 이사

마음속으로 다가오는 사람
- 맹유진 수석부회장 -

얼굴에 복을 달고 사는
사람이 있지
사람들은 부잣집 맏며느리 감이라 하지
얼굴의 복은
마음속에서 나오지
주위 사람들에 대한
사랑과 관심과 애정이
마음속에서 잉태하여
그 마음이
얼굴에 나타나지

사람들에게
믿음을 주는 사람이 있지
그 신뢰는
하루아침에 이루어지지 않지
재능을 나누어주고
자기 말과 행동에
책임을 다할 때
그 사람을 믿게 되지

마음과 행동을 통해
마음속으로 다가오는 사람
그녀가 미용계에 있다는 사실
미용계의 자랑이지

토탈 뷰티 메카를 꿈꾸다

맹 유 진
한국업스타일전문가협회 수석부회장

웃음을 잃지 않는 미모

만나면 상대방을 기분좋게 하는 마력을 지닌 사람들이 있다. 처음부터 그런 매력을 지닌 이가 있는가 하면, 만날수록 그 매력에 빠지게 하는 사람도 있다. 한국업스타일전문가협회 맹유진 수석부회장은 만날 때마다 웃음을 잃지 않는 모습으로 상대방의 마음을 무장해제한다. 기자가 언제 어디에서 맹유진 부회장을 만났는지는 명확하지 않다. 미용계의 곳곳을 발로 누비던 젊은 기자 시절(?)이었음은 확실하리라.

맹유진 부회장은 행사장에서 만날 때마다 부잣집 맏며느리 같은 얼굴로 기자를 대하곤 했다. 그 행동이 과장되거나 가식이 없다는 것을 기자는 잘 알고 있다. 그래서 맹유진 부회장을 만날 때마다 즐거운 마음이 앞섰다. 행동만이 아니었다. 출중한 미모에 최고의 미용 실력을 자기고 있음을 기자가 모르고 있겠는가. 그래서 맹유진 부회장에 대한 기대는 항상 컸다.

맹유진 부회장은 현재 한국업스타일전문가협회에서 수석부회장으로 활동하고 있다. 여기에서 미용에 관한 각종 자격증을 발급하는데 그치지

앉고, 실무에 직접 적용할 수 있도록 실용적인 패턴을 보급하는데 노력을 기울이고 있다. 미용 현장에서 일하는 디자이너, 원장들이 재교육을 받는 이유가 베이직 부족의 방증이라고 믿기 때문에 자격증을 통한 기본 베이직을 다잡도록 교육한다.

기본 즉, 베이직이 약하면 현장에서 응용이 불가능하며 개인의 발전도 없기 때문에 좀 더 체계적인 교육을 위해 '에떼르뷰티하우스'를 오픈하여 탄탄한 베이직 구축을 위한 교육을 진행하고 있다. 이것은 에떼르 뷰티 하우스를 다른 교육기관과 차별화하는 주요 이슈이기도 하다.

'에떼르뷰티하우스' 운영

이처럼 자기 세계를 구축하고 있는 맹유진 부회장은 어떻게 미용계에 입문하게 되었으며 어떤 과정을 거쳐 오늘날에 이르게 되었을까? 궁금해지지 않을 수 없다.

"어렸을 때부터 예체능에 재능을 보이며 자연스럽게 뷰티에 관심을 갖게 되었고, 경영학을 전공하면서도 의상디자인에 탁월한 실력을 발휘하며 패션 사업을 했었습니다. 뷰티 산업의 경우 패션과 공연, 문화 등을 접목해 새로운 트렌드를 만들어야 하기 때문에 이를 아우를 수 있는 멀티 전문가가 필요하다고 생각했습니다. 패션사업을 했던 경험을 바탕으로 패션코디네이션 국가공인자격증과 미용사 자격증을 취득하고, 토탈 뷰티 전문가 양성을 위한 교육에 나서게 되었습니다.

현재 한국업스타일전문가협회 수석부회장과 스타일링 전문샵인 에떼르뷰티하우스의 대표로서 각종 교육과 세미나를 통해 많은 미용인들과 뷰티란 공통점으로 교감할 수 있다는 게 무엇보다 큰 보람인 듯합니다.

또한 10년 넘게 월드미스유니버시티 세계대회의 헤어, 메이크업 총괄 부단장을 지내며 각 행사의 헤어, 메이크업의 중요성을 인식시켰습니다. 더불어 저희 샤프롱 팀들과 함께 뷰티인의 자부심을 느끼게 된 계기로 스터디 그룹을 만들어 각종 미인대회나 패션쇼에 자신 있게 투입될 수 있는 뷰티어벤져스 팀을 만들게 되었습니다. 아울러 에떼르뷰티하우스에서 고객도 받고, 기술 재교육도 진행합니다.

　학교 수업과 외부 수업이 많다보니 고객은 주로 지인들 위주로 예약만 받아 진행하고, 나머지 시간엔 개인 교육에 많이 비중을 두고 있습니다.

　중국, 베트남 등 외국에서 개인적으로 소개를 통해 오시거나 디자이너나 원장, 강사 분들이 좀 더 실력을 업그레이드하기 위해 오시기 때문에 최대한 많은 노하우를 담아드리기 위해 노력하고 있습니다.

　최근 유명 미용 대학의 입시에 8년 연속 합격생 배출이란 큰 성과도 거두어 노력한 만큼 빛을 발해 별다른 홍보 없이도 계속 소개로 교육생이 연결되는 게 감사할 뿐입니다."

　맹유진 부회장의 화술은 미용계에서도 정평이 나 있다. 그렇다고 말로만 하는 것이 아니다. 진심을 담아 토해내는 말들이 상대방에게 신뢰를 준다.

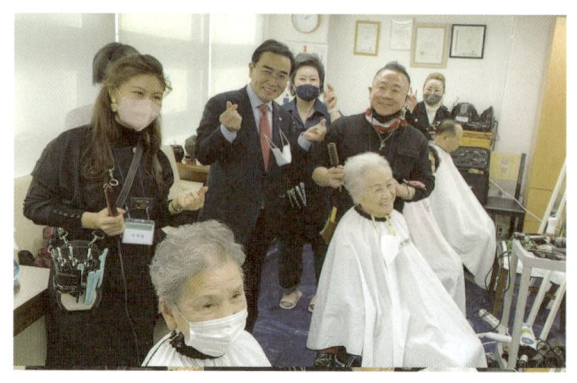

봉사 활동도 적극적으로...

맹유진 부회장은 요즘에도 봉사 활동을 빼놓지 않고 하고 있다. 사회 초년생일 때 양로원으로 봉사를 갔던 적이 있었는데, 어두컴컴하고 추운 방바닥에 돌아가실 날을 기다리며 누워만 계신 연로한 노인을 뵙고 펑펑 울다 온 경험을 지금도 잊지 못하고 있기 때문이다.

사업을 접고 마음이 힘들 때 맹유진 부회장을 일으켜 세워준 계기가 미용 봉사였다. 바쁜 사업으로 인해 못했던 봉사를 다시 하면서 자신이 위로받고 존재감을 느끼는 계기가 되기도 했다. 봉사를 통해 위안을 받고 있는 자신을 절실하게 느끼며 제자나 주위 미용인들에게 봉사를 적극적으로 권하기도 한다.

요즘에도 복지관에서 어르신들 미용봉사 뿐 아니라 영정사진을 찍으시는 분들을 위한 장수메이크업을 해드리는 봉사도 하고 있다. 봉사가 몸에 배었다고 해도 과언이 아니다.

봉사와 함께 맹유진 부회장을 특화하는 것은 배움에 대한 열정이다. 처음 일선에 나가 일을 할 때도, 강사라는 타이틀을 달았을 때도 한시도 배움에 대한 끈을 놓지 않으려 노력했다. 제자들이 성장하며 찾아와 줄 때 선생님이란 사람도 늘 자리에 머물지 않고 함께 성장하는 모습을 보여줘야 한다고 항상 믿었기 때문이다. 그 덕분에 자기 발전을 통한 배움의 깊이도 풍성해지고 나눌 수 있는 부분이 더 많아지는 듯하여 행복함을 느끼고 있는 맹유진 부회장이다.

배움에 대한 열정 강조

맹유진 부회장은 배움에는 시기가 없다고 생각한다. 특히, 트렌드가 빠르게 변화하는 뷰티 부문은 배움에 끝이 없다는 생각이 확고하다. 때문에 교육생들에게 강조하는 것은 배움에 대한 열정이며 현재에 안주하면 새로운 스타일을 창조하는 토털 뷰티 전문가로 발전할 수 없음을 강조한다. 특히 새로운 것을 배우고 익히는 것을 두려워해서는 안 됨과 배움에 대한 욕심은 본인이 갖고 노력해야만 한다는 점을 항상 주지시킨다.

미용계의 선배로서 교육자로서 맹유진 부회장이 강조하는 부분은 호소력이 짙다.

미용 기술을 통한 재능기부는 실전 능력을 키울 뿐 아니라 인성교육에도 큰 도움이 된다고 맹유진 부회장은 생각한다. 작년 하반기에는 사랑의 바자회를 개최해 수익금을 기부했으며 이를 계기로 오랫동안 목표했던 고아원 퇴소 시 홀로서기를 위한 청소년재단과 천사무료급식재단에 기부도 시작하게 되었다.

우리나라의 기부문화는 아직 보편적으로 인식되어지지 않은 듯싶어 미용인들도 다양한 기부문화에 대해 좀 더 적극적인 모습을 보여줬으면 좋겠다는 생각을 맹유진 부회장은 평소 하고 있다. 남들을 배려하는 모습이 따뜻한 인간성과 함께 덧보여 기자의 마음을 흐뭇하게 한다.

늘 꿈꾸어왔던, 의상, 미용, 피부관리, 네일, 속눈썹, 퍼스널컬러, 교육 등을 한 공간에서 하는 토탈 뷰티 공간을 세우는 것을 미용인생의 꿈으로 여기고 있는 맹유진 부회장, 재능 기부를 위한 미용학교를 짓는 것을 인생 최종 목표로 삼고 있는 맹유진 부회장, 그 꿈을 향해 한발 더 다가서는 한해가 되도록 더욱 정진하겠다는 맹유진 부회장, 그녀의 꿈이 하루빨리 이루어지기를 기자는 진심으로 기원한다.

- 에떼르뷰티하우스 by 아카데미 대표
- 한국업스타일전문가협회 수석부회장
- 스타킹 월드뷰티콘테스트 부대회장
- 월드미스유니버시티 샤프롱(헤어&메이크업)총괄 부단장
- 전) 서경대학교 예술종합평생교육원 미용예술학 특임교수
- 전) 서경대학교 헤어디자인과 초빙교수
- 서경대학교 대학원 미용예술학 박사
- 세계사이버대학 초빙교수
- 인덕대학교 겸임교수
- 디지털 서울문화예술대학교 외래교수
- 제니하우스 제니뷰티아카데미 헤어전임강사
- ㈜미창조 리안헤어 본사 업스타일 및 메이크업 특강 강사
- 준오헤어, 박준뷰티랩, 박호준헤어, 프랑크프로보,
  이강운커펌 등 프랜차이즈 본사 업스타일 특강 강사
- 국제 미용장 기능 경기대회 업스타일부문 대상 수상
- 국제 건강기능올림픽대회 업스타일부문 대상 수상
- 대한민국 미용예술제 최고지도자상 수상
- 아시아 헤어스타일링 세계 선수권 홍콩대회 국제심사위원
- 국제 건강기능올림픽대회 헤어 총괄 심사위원장
- GBC글로벌뷰티컵 헤어 총괄 심사위원장
- 이상봉 꿈토링스쿨 패션쇼 헤어&메이크업 총괄
- 세계의상페스티발(62개국 대사관 참여) 헤어&메이크업 총괄
- 글로벌TOP 슈퍼모델선발대회,그랜드어워드시니어패션쇼 헤어&메이크업 총괄

행복을 선사하는 헤어디자이너
- 이미숙 원장 -

지구상에는
많고 많은 직업이 있지
일만 개 가까이 된다고 하지
그 중 제일이 헤어디자이너라고
삼척의 한 미용사는 말하지
강남에서 잘 나가던 헤어디자이너 40년
모두 접고 삼척으로 떠났지

내 손안의 기술
희로애락이 담긴 미용도구들
모두 싸들고
고향으로 내려왔지

추억이 뭉개뭉개 서린 곳
유년이 고스란히 얼룩져 있는 곳
고향 삼척에 행복한 미용기술을 접목했지

미용은 아름다워라
황홀한 외모와
행복한 일상을
선물하는 미용인은 더욱 아름다워라
삼척은 지금
'눈부신하루를' 미용실이
행복을 전파하고 있는 중

고향 삼척에서 제 2의 미용 인생을 개척하다

이 미 숙
눈부신 하루를 헤어스튜디오 삼척점 대표

실력과 지도력을 겸비한 미용인

지금 삼척에서 새로운 미용 인생을 개척하고 있는 이미숙 대표는 서울 서초구에서 미용지회장을 두 번에 걸쳐 역임한 실력과 지도력을 겸비한 보기 드문 미용인이다.

어느 날 SNS를 통해 이미숙 대표가 삼척에서 미용실을 오픈했다는 소식을 접하고 기자는 동명이인이라고 생각했다. 그만큼 이미숙 대표의 삼척행은 예상외였다. 통화를 하며 의문이 조금씩 풀려 나갔다.

이미숙 대표가 삼척에 둥지를 새롭게 틀고 가장 많이 받은 질문이 '왜 강남에서 잘 나가던 원장이 강원도 삼척이라는 곳에까지 가게 되었나?'라는 물음이었다고 한다. 사람들의 궁금증은 거개가 같은 것. 기자의 질문도 똑같을 수밖에 없다.

"2019년에 누구나 겪어야 하는 코로나의 위기가 찾아 왔습니다. 저 역시 위기를 맞게 되었답니다. 오프라인 세상에만 있어야 할 일을 온라인으로 옮겨 놓는 과정에서 저는 SNS를 알게 되었습니다. 인스타그램을 시작하면서 직원들과 큰 미용실을 정리해야 했습니다. 어디로 갈까 고민하

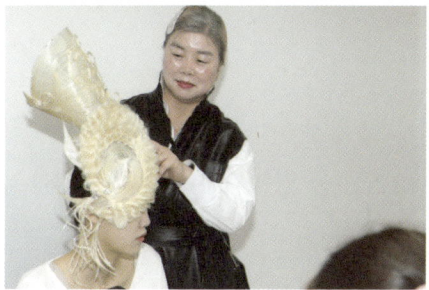

던 중에 고향인 삼척으로 결정하게 되었답니다.

　최고의 디자이너로 40년 동안 쉼없이 강남에서 탑을 유지하는 미용실을 경영한 경험이 있었기에 자신감이 있었습니다. 고향 땅에 대한 두려움을 전혀 갖지 않았다면 거짓말일 텐데요, 어린시절 함께했던 동네 친구, 여고 시절의 친구들이 있었기에 다행히도 빠르게 정착할 수 있었습니다."

　말이 쉽지 대한민국 유행을 선도하던 강남에서 유명 미용실을 운영하며 지회장을 두 번이나 역임했던 그녀에게 삼척행은 쉽지 않은 결정이었을 터. 그러나 삼척으로 내려간 지 일 년만에 최고의 미용기술과 인간성을 바탕으로 자리를 잡게 되었다.

우리 사랑하는 동안에

〈온라인에서 내 꿈 펼치기〉 전자책 출간

이미숙 대표는 2023년 3월 19일, 40년 미용 인생의 이야기를 에세이와 자기계발서 형식으로 쓴 전자책 〈온라인에서 내 꿈 펼치기〉를 내고 출판기념회를 가졌다. 이 전자책은 오랫동안 화려했던 강남에서의 미용생활을 접고 강원도 삼척이라는 곳에 내려와 지내면서 많은 고객을 거침없이 소화해내는 이미숙 대표의 이야기다. 여기에 더하여 누구나 겪어야 했던 코로나 시대에서의 흔들리는 감정을 어떻게 대처해 왔는지 그리고 앞으로 어떤 인플루언서로 살아야 하는지에 대하여 쓴 책으로 독자들에게 많은 사랑을 받고 있다.

이미숙 대표는 대학에서 화학공학을 전공했다. 대학을 졸업한 1980년대는 사회적으로 민주화에 대한 열망이 크던 때였다. 그만큼 혼란과 발전에 대한 기대가 공존하던 때이기도 했다. 그 당시 미국에 친언니가 살고 있었고 미국에 대한 꿈이 있던 시기였다. 언니의 권유로 유학을 준비하던 중 기술을 배우면 나중에 도움이 될 거라며 당시 돈으로 10만원이라는 거금을 언니가 보내주었다. 때마침 버스를 타고 가던 중에 우연하

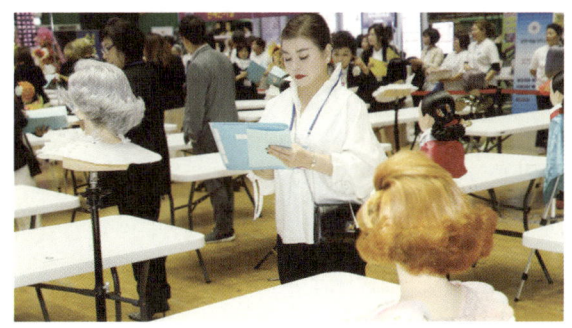

게도 미용학원 간판을 보게 되었고, 그 길로 학원 등록을 하게 되었다. 이는 미용인 이미숙이 탄생한 계기가 되었다.

  미용을 시작하여 최고의 디자이너가 되기까지 벙어리 3년, 귀머거리 3년과 같은 인고의 시간을 가졌다. 자신과 싸움에서 이기기 위해 최선을 다했다. 고객의 원함을 빨리 파악하여 '멋진 모습'으로 변신할 수 있도록 정성을 다했다. 기술을 연마하는 데에도 밤낮으로 노력했다. 이러한 열성으로 만족감을 얻은 고객 덕분에 입소문으로 홍보가 되어 최고의 디자이너로 인정받게 되었다.

  도전과 열정을 다해 2년에 한 번씩 개최되는 미용 올림픽에 참가해 3회 연속 우승도 하였다. 2016년도에는 러시아에서 열린 OMC 국가대표로도 발탁되었다. 미용 후배들에게 성공한 노하우를 알리고 싶어 기술 강사가 되기도 했다. 대학때 전공한 화공학을 미용에 접목하여 퍼머 약, 염색제가 모발에 미치는 역할과 화학반응을 강의, 큰 인기를 얻기도 했다.

행복한 경험을 주위에 나눠주고 싶다

미용을 하면서 이미숙 대표는 행복한 경험을 많이 쌓고 있다.

"AI도 대신할 수 없는 '미용'은 행복한 직업입니다. 새로운 고객에게는 15분 동안 충분한 상담을 진행합니다. 고객의 원함을 충분히 이해하면서 고객에게 가장 잘 어울릴 수 있는 새로운 헤어 디자인을 권하여 고객이 만족감을 느낄 때 정말 흐뭇합니다.

손상된 모발이 점차 건강한 모발로 변화되는 고객, 염색 후 색깔이 빠지게 되는데 저에게 시술을 받으면 그대로 유지가 된다는 고객의 말에 보람이 생기기도 합니다. 화학 원리를 적용한 저만의 시술을 경험한 고객들이 환한 미소로 행복해할 때 가장 즐겁고 행복합니다."

실력을 갖춘 미용인만이 느낄 수 있는 보람과 행복을 평소 미용생활에서 체득하고 있으니 이미숙 대표만큼 행복한 미용인도 많지는 않을 듯하다.

　미용인들에 대한 조언도 잊지 않는다. 그동안 중앙회 기술강사로서 새로운 스타일에 대한 연구를 많이 한 경험을 바탕삼아 '배움에 대한 도전을 계속하라'고 말한다. 시대 흐름에 맞춰 SNS로 소통하고 성장하고 있는 모습을 주변에 꾸준히 알리는 것도 중요하다고 강조한다.

　특히 1인 미용을 하는 원장들을 위한 소통 공간이 절대적으로 필요한데, 이는 혼자가 아닌 협업과 네트워킹으로 배움을 나누며 함께 성장하기 위한 것이라는 설명이다.

　또한 친환경적인 헤어 제품으로 지구의 환경을 살리고 동시에 고객의 건강한 머리를 위해 끊임없이 노력하는 자세를 제언하기도 했다.

　이미숙 대표는 이렇게 개인의 기술이나 경험을 주위의 많은 미용인들에게 알려 미용인들이 사회적으로 인정받고 대우받기를 간절히 원하고 있다. 이는 미용 지도자다운 자세라고 말하지 않을 수 없다.

미용인의 자긍심 심어줘

　1년 동안 건강한 모발과 두피를 위해 연구하며 고객들에게 적용한 결과 만족할만한 성과를 거두고 있다는 이미숙 대표, 대학에서 전공한 화공을 살려 화학 원리를 이용하여 고객의 만족도를 높이고 있는 이미숙 대표, 미용경영과 연구한 사례를 형식지로 만들어 많은 미용인과 공유할 예정인 이미숙 대표, 행복과 힐링이 담긴 공간을 재창조하여 질 높은 서비스 제공을 약속하는 이미숙 대표, 만나는 모든 고객에게 건강한 모발과 두피로 '눈부신 하루를' 선물하며 따뜻한 원장이 될 것을 약속하는 이미숙 대표, 쉽게 소통할 수 있는 미용인의 인플루언서로 행복한 미용실 공간을 만드는 것이 꿈이라는 이미숙 대표가 있기에 우리 미용인들은 자긍심이 높아지고 행복하지 않을 수 없다는 생각을 하게 된다.
　무더위가 기승을 부리는 여름이다. 오늘은 삼척에서 미용인의 긍지를 드높이고 있는 이미숙 대표께 전화를 해서 삼척 바닷가의 시원한 목소리를 미용인 여러분께 전달하고 싶어진다.

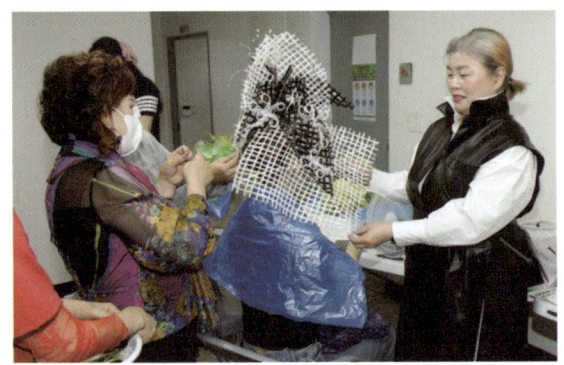

- 대한미용사중앙회 서초구 8.9대 회장
- 대한미용사중앙회 이사
- 대한미용사중앙회 감사
- 대한미용사중앙회 기술위원
- 대한미용사중앙회 국가대표 기술분과 부위원장
- 숙명여자대학교 평생교육원 교수
- 현) 〈눈부신 하루를 헤어스튜디오 삼척점〉 원장

희망과 즐거움을 주는 사람
- 김미숙 회장 -

도움을 줄 수 있는 사람이 되기 위해
미용을 시작했지
외모를 가꿔줘 자신감을 키우고
희망과 즐거움을 주었지
이제는
미용인들을 위해 일하지
미용인이 잘 살아야
고객들도 더 잘 가꾸어주고
미용인이 고귀해야
손님들도 귀하게 만드는 법

인천 남동구에서
회원들을 위해 발벗고 나섰네
사랑은 위에서 아래로 흐르는 것
세상 불변의 법칙
윗물이 맑아야
아랫물이 깨끗해지는 이치
몸으로 실천하며
미용계의 모범 보이네
마침내 선진 일등 미용인으로
우뚝 섰네

사랑과 공감으로 미용인의 마음을 얻다

김미숙
인천 남동구 지회장

남을 돕기 위해 시작한 미용

미용계에서 성공한 미용인들을 만나서 이야기를 듣다 보면 많은 미용인들이 생활고(生活苦)의 어려움을 이겨내기 위해 미용을 선택했다고 말한다. 거개의 미용인들이 여기에 속한고 할 수 있다. 특히 연세가 드신 미용인들은 대부분이라고 해도 과언이 아니다. 끼니를 때우기 위해 도시로 식모살이를 마다하지 않고 떠나온 우리네 누이들의 시대를 생각하면 당연한 일이다.

요즘 세대들이야 세계 10대 경제 강국으로 성장한 대한민국의 위상만을 알뿐, 우리 선조들이 가난을 극복하기 위해 얼마나 많은 노력과 고난을 겪어왔는지 생각하지도 못 할 일이다.

이런 이야기를 길게 하면 꼰대라고 놀림 받는다. 과거를 언급한 것은 모든 일에는 예외가 있다는 점을 상기하기 위한 포석이다.

김미숙 지회장은 외모에서 풍기는 모습에서 중세시대의 백작부인, 아니면 르네상스 시대의 예술가적 풍모를 읽을 수 있다. 우아하면서도 부드러운 이미지를 보여준다.

미용을 시작한 계기부터가 남다르다

"환경이 어려운 사람들, 도움이 필요한 사람들을 돕기 위해 미용을 시작하게 되었습니다. 미용을 통해 그들의 외모와 자신감을 개선시키고, 일상생활에서 즐거움과 희망을 줄 것 같아 미용을 선택하게 되었습니다.

 미용을 하면서 사람들의 이야기를 듣고 공감하는데 남다른 공감능력이 있었던 듯해요. 단체의 필요성과 힘이 절실하다는 것을 느끼고 인천 남동구미용협회 임원진을 거쳐 지회장으로 3선, 9년째 활동을 해오고 있습니다. 우리 지회는 2018년도부터 조례를 마련해서 인천 남동구의 지원을 받아 매년 '남동뷰티페스티벌'를 진행했으며, 계속 진행하고 있습다.

 우리 남동구지회는 35명으로 구성된 '남동구 한마음봉사단'을 설립하여 구월동 4동, 서창마을 어울림센터를 통해 독거노인 분들께 재능기부를 하고 있습니다. 또한 매년 소상공인 교육을 하고 있기도 합니다."

인천 남동구지회장 3선의 경륜

남동구지회장 3선의 경륜답게 지회자랑이 대단하다. 그도 그럴 것이 김미숙 지회장은 미용단체에 대한 애정이 각별하다. 미용인들이 협회활동을 통하여 미용인의 자긍심을 높이고 미용인의 대사회적 위상 강화를 해야 한다는 생각 때문이다.

그래서 김미숙 지회장은 지회는 물론 대한미용사회중앙회의 역할에 대해서도 많은 관심을 가지고 지켜보고 있다.

요즘에는 미용계에 초미의 관심이 집중된 미용사법 제정에 대해서도 "시냇물이 모여서 강물이 되듯이 모든 미용인들을 보호할 수 있는 미용사법이 잘 재정되길 기원합니다."라며 지난 21대 국회의 최영희 의원이 공동발의한 미용사법에 대한 높은 기대감을 표현하기도 했다.

이 같은 자세는 지회장이라는 지위를 넘어서 미용계의 지도자로서의 마땅한 관심이며 진지한 모습이라 말하지 않을 수 없다.

김미숙 지회장은 미용에 대한 끝없는 예찬론자다. 미용은 다른 사람들과 인간관계를 형성하고 소통할 수 있는 기회를 제공할 뿐만 아니라, 미

용업은 그런 관계를 맺은 이들에게 아름다움을 선물해 줄 수 있는 기가 막힌 직업임을 자각하고 있기 때문이다.

그래서 김미숙 지회장은 "미용은 나의 삶이고 행복이고 기쁨입니다. 고객들에게 변화된 외모와 자신감을 선사함으로써 그들에게 만족과 자부심과 자존감, 성취감을 느낄 수 있게 하기 때문입니다."

이보다 더 미용에 대한 이해도와 사랑이 깊을 수 있겠는가. 진정한 미용인만이 간직할 수 있는 자신감을 김미숙 지회장은 지니고 있는 것이다.

성공적인 미용인으로서의 삶의 자세

김미숙 지회장은 요즘 미용분야의 변화가 빠르게 진행하고 있음을 인식하고 새로운 트렌드, 기술, 제품 등에 관한 연구와 학습을 하며 최신 동향을 따라가기 위한 자기개발에 온힘을 쏟고 있다. 이는 미용계 지도자로서의 기본 임무이며 성공적인 미용인이 되기 위한 절차라고 믿기 때문이기도 하다.

김미숙 지회장은 또 말한다.

"위로는 상급기관에서 전국 지회, 지부를 보살펴주는, 회원이 중심이 되는, 올바른 미용인이 한마음으로 발전할 수 있게 선배들이 후배에게 귀감이 될 수 있는 그런 미용사회가 되길 진정으로 바랍니다.

선진미용은 개인의 개성과 다양성을 존중하며 맞춤화된 서비스를 제공해야 하고, 고객의 특성과 요구에 따라 개인화된 조언과 스타일링을 제공하여 고객들이 자신을 돋보이게 할 수 있도록 도와주고 다양한 피부 타입, 헤어 텍스처, 외모에 대한 이해를 갖추고 개인의 아름다움을 인정하는 시각을 가져야 합니다.

또한 고객에게 제품과 서비스에 대한 교육을 제공하고 안전을 보장해야 합니다. 제품 사용방법을 고객들에게 제대로 알려주어 자신의 아름다움을 유지하는 방법을 안내해야 하고 고객들의 건강과 안전을 최우선으로 생각해야 합니다.

고객들에게 더 나은 서비스를 제공하기 위해 노력하며 다양한 스타일링 기법, 신기술 장비, 효과적인 문제 해결 방법 등을 탐구하고 개발해 나가야 합니다."

지회장으로서의 역할과 바람, 미용인으로서 고객을 대하는 자세 등 김미숙 지회장의 미용정신과 마음을 고스란히 알 수 있는 말이다. 평소 이런 것에 대해 고민하고 노력해 왔기에 미용인으로서 성공할 수 있었으리라.

따뜻한 마음씨를 가진 미용인

미용인들에 대한 자랑과 응원의 말씀도 잊지 않는다.

"우리 미용인들은 고객들과의 소중한 관계를 형성하고, 창의적인 기술과 전문성으로 매순간을 빛내고 있습니다.

우리 미용인들의 열정과 전문성은 고객들의 삶을 변화시키며, 아름다움의 힘을 실감하게 만들어 줍니다. 항상 긍정적인 에너지와 열정을 가지고 최고의 미용인으로 나아가기를 응원합니다."

뷰티라이프에 대한 애정과 부탁도 이어진다.

"37년이라는 긴 세월 동안 미용인들을 위한 최신 정보, 문화, 작품, 기술, 건강, 신제품 소개 등 뷰티라이프와 미용인들과의 인연은 미용계에서 큰 의미를 가지는 만남 중 하나입니다. 세상을 보는 모순을 바로 보는 눈으로 승화시켜주는, 그런 뷰티라이프로 오래 기억하면서 만나고 싶습니다. 한국의 대표적인 미용언론으로 발전하길 진심으로 기원합니다."

김미숙 지회장은 이렇게 따뜻한 마음도 가지고 있었다.

지금 맡고 있는 지회장으로서의 초심을 잊지 않고 남동구지회의 발전과 남동구지회 회원들의 화합과 소통을 위해 최선을 다하겠다는 김미숙 지회장, 투명하고 정직한 지회를 위해 낮은 자세로 임하겠다는 김미숙 지회장은 분명 우리 미용사회의 소중한 자산임이 분명하다.

- 현) (사)대한미용사회 인천 남동구지회장
- 현) (사)대한마용사회 고전머리 5기 기술강사
- (사)대한미용사회중앙회 고전머리분과 운영위원 역임
- (사)대한미용사회중앙회 홍보위원 역임
- 국세청 외부위원 위촉
- 인천과학고등학교 외부위원
- 남동구위생관리 외부위원 위촉

미용은 나의 천직
― 박성호 대표 ―

미용은 나의 천직이다
힘들고 고되지만
새로운 테크닉을 터득해서
고객들이 만족하고 소문을 낼 때
나는 흐뭇하기만 하다
그래서 나는
천상 디자이너다

나의 꿈은
미용실을 잘 운영해서
많은 돈을 버는 것이 아니다
나만의 노하우가 집약된 나의 기술을
우리 미용인은 물론
세계의 미용인들께
나누어주고 싶은 것이다

나의 기술은
텃밭에서 호박잎과 옥수수잎으로 연마한 기술
보이지 않는 노력의 결실
무대 위 화려한 조명을 받으며
가위춤을 추는 것
다 미용인을 위한 것

내 기술을 국내·외 미용인들께 전수하고 싶다

박 성 호
박성호 미용군단 대표

독특한 안무로 주목받았던 가위춤

코로나시대가 종식을 맞으면서 우리 미용계에도 미용대회를 비롯한 각종 행사가 많아지고 있다. 미용계 행사를 풍성케 하는 요인 중에는 헤어쇼가 주요 요인이라는 데 이의를 다는 미용인은 별로 없을 것이다.

헤어쇼 중에서도 가위춤은 독특한 안무로 국내는 물론 중국 등 외국에서도 큰 반향을 불러일으켰었다. 가위춤의 효시는 '박호준과 가위잡이'의 박호준 대표라 할 수 있다. 그는 현란한 가위춤으로 미용계에 신드롬을 일으켰다. 박호준 대표는 지금은 '엔젤스파이팅'이라는 격투기 단체를 만들어 새로운 분야를 개척하고 있다.

박호준 대표와 더불어 가위춤을 미용계에 보급했던 또 한 사람이 있었으니, 그는 전주에서 〈박성호미용군단〉이란 미용실을 운영하고 있는 박성호 대표다.

박호준 대표가 미용계를 떠났다고 해도 과언이 아닌 현실에서 박성호 대표가 유일하게 가위춤의 계보를 이어가고 있는 것이다.

가위춤에 매료되었고 가위춤을 연마하기 위해서는 고도의 훈련과 반

복적인 연습이 필요함을 잘 알고 있는 기자는 그래서 박성호 대표에게 더 관심과 애정을 가질 수밖에 없었다는 점을 상기한다.

박성호 대표가 미용을 시작한 것은 서울에서 살던 막내누나의 영향이 컸다. 막내누나의 영향으로 서울에서 미용학원에 다녔고, 힘든 미용실 생활을 했지만 그를 버티게 해준 것은 성공에 대한 강한 집념이었다.

서울 생활을 접고 1991년도에 고향인 전주로 내려가 지금까지 미용을 하고 있다. 그는 전주에서 대형미용실도 운영하고 몇 개의 미용실도 운영, 관리해왔지만 수많은 디자인을 만들어 유행시켰고 여타 미용인과 다른 색다른 미용을 하려고 꾸준히 연구, 노력했다. 가위춤도 그러한 그의 노력이 만들어낸 산물이었다.

새로운 테크닉 고객들이 소문낼 때 행복

박성호 대표는 미용을 하면서 하나하나 새로운 테크닉을 터득하고 고객들에 의해 소문이 날 때가 제일 즐겁고 행복했다고 회상한다.

"저는 미용을 하면서 새로운 아이디어와 테크닉들을 터득하고 만들어서 고객들에게 시술했던 디자인들이 소문과 더불어 고객들이 밀려올 때 제일 즐거웠고 시술을 받고 가시는 고객들의 입에서 연신 고맙다는 말을 들었을 때 흐뭇했다. 이럴 때 '나는 천상 디자이너다.'라고 느낀다."

박성호 대표뿐만 아니라 세상의 모든 헤어디자이너들이 원하는 것이리라. 다른 점이 있다면 박성호 대표는 이와 같은 결과를 만들기 위해 보이지 않는 노력과 공부를 끊임없이 병행했다는 것이다.

박성호 대표는 지금도 예약손님들을 중심으로 시술하고 있지만 주로 외부로 다니면서 커트 세미나와 커트질감테크닉에 대한 교육 특강을 하고 있다. 박성호 대표가 꿈꾸는 미용생활은 미용실을 잘 운영해서 돈을 많이 버는 것이 아니라 그가 터득한 기술을 우리 미용인은 물론 외국의 미용인들까지 전수해주고 싶은 것이다.

그만큼 박성호 대표는 자기 기술에 대한 자부심이 대단하며 그 기술을 자기만이 아니라 모든 미용인들에게 공유하고 싶은 교육자적 마인드가 충만한 것이다. 이는 박성호 대표를 빛나게 하는 또 다른 이유가 되기도 한다.

성공에 대한 동경이 성공을 부른다

가위춤을 개발하게 된 동기도 독특하다.

"처음 미용을 하겠다고 마음먹고 강남 고속터미널 책방에서 산 책이 장애자가 쓴 〈나도 할 수 있다〉는 책이었다. 그 책을 여러 번 읽고 너무 감동을 받고 앞으로 미용사로 살아갈 내 앞길 플랜을 짰다.

막내누나집 단칸방에서 조카 2명까지 5명이 지내는데 내 자리 벽에는 10계명을 만들어 아침 저녁으로 중얼거리며 머리에 입력을 하면서 마인드 컨트롤을 했다. 그중 하나가 성공한 모습이었다. 무대위에서 화려한 조명을 받으며 밑에서는 고객들의 시선을 머금고 춤추듯 일하는 모습을 상상했던 것이다.

전주에 내려와 처음에는 돈이 없어 조그만 동네 미용실이었지만, 두 번째부터는 창가쪽 내 자리만큼은 조명과 무대를 만들어서 일을 했다.

전철을 2시간씩 타고 다니던 학원시절엔 남보다 특별해야겠다고 가위를 가지고 돌리는걸 연습해서 그때부터 가위돌리기를 했었다.

그 후 가위돌리는 에피소드도 많았다. 처음 전주에 내려왔을때 가발 살 돈이 없어서 장가위와 빗을 가지고 아버지가 농사짓는 텃밭에서 호박잎과 옥수수잎을 처내는 연습을 해서 농사를 버려놓았다고 혼나기도 했지만 지금도 그 테크닉을 최고로 잘 쓰고 있다.

96년도 대회때도 커트선수로 나가서 춤을 추었고, 97년도 미용협회에서 총회겸 단합대회때도 직원들을 연습시켜 가위춤 장기자랑을 했었다."

박성호 대표가 얼마나 특별한 생각을 하는지, 얼마나 많은 노력을 했는지 알 수 있는 대목이다. 노력 없이 이루어지는 것은 아무 것도 없다는 것을 그의 행보에서 읽을 수 있다.

박성호 대표는 박호준 대표와 합동무대도 가졌다. TV출연으로 유명해진 박호준 대표였지만 박성호 대표의 실력을 알아보고 인정해준 것도 박호준 대표였다. 실력자는 실력자를 알아주는 법. 미용후배지만 박호준 대표를 고맙게 생각하는 이유이기도 하다.

박성호 대표는 2000년대 초부터 퍼포먼스 위주가 아닌 커트쇼 중심의 테크닉을 만들고 있고 거리커트쇼를 시작으로 미용실과 샤기커트를 홍보하고 있다.

타고난 끼와 열정

"그때는 미용인이나 일반인들은 샤기커트를 잘 몰랐다. 그런 중에 어느 날 시내중심가나 대학교 정문 앞과 공원에서도 가리지 않고 커트쇼를 했다.

나중에는 트럭을 사서 무대와 조명과 음향을 싣고 다니면서 직원들과 같이 무수히 하고 다녔다. 길거리 커트쇼는 지나가는 일반인들을 무대에 올려서 미용실에서 하는 것처럼 춤추면서 섬세한 커트를 해주었다.

밤에는 떨어지는 머리카락이 조명 밑에서 날아가는 모습을 보면 희열을 느낀다.

타고난 끼와 무대체질인 나에게 너무 잘 맞는다."

미용인은 연예인과 같은 사주를 많이 갖고 태어난다고 한다. 그 끼와 열정을 어떻게 하겠는가.

"거리쇼나 무대쇼를 통해서 2007년 6월 1일부터 SBS방송에 나가게 되면서 KBS, MBC까지 전국방송에 8번 출연하기도 했다. 지금은 에어존

질감테크닉커트로 세미나와 특강을 하고 다닌다. 샤기커트는 일본식커트이고 깃털처럼 가볍다는 뜻이 있다.

　샤기커트가 유행할 때는 커트에 대한 상식이 부족해서 공부를 안하고 가볍게만 하면 되는 줄 알고 틴닝가위로 마구 숏을 쳐내다보니 고객들이 사기커트로 인식하면서 일찍 막이 내려지고 세미나와 특강을 하고 끝나는 졸지에 벼락을 맞은 기억이 있다."

박성호 대표는 연구를 거듭했다.

"그 후 나는 에어존이라는 기능적인 질감테크닉을 만들었다. 에어존은 공기를 활용한 존커트를 기반으로 한다. 테크닉들은 동작과 자세, 가위테크닉과 왼손테크닉이 병행되어야만 한다. 커트는 몸으로 자른다고 한다. 커트의 완성은 질감이라고 하는데 내가 만든 커트들은 형태와 질감(라인)을 동시에 하는 테크닉들이다."

이제 박성호 대표의 실력은 완숙의 경지에 이르렀다. 이제 그의 기술을 전수받아 성공한 미용 인생을 보장받는 것은 미용인들 각자의 몫이다. 다행히 박성호 대표는 그 기술을 많은 미용인들에게 전수하고 싶어 한다.

박성호 대표의 바람이 하루 빨리 이루어지는 날 우리 미용인의 기술이 인정받는 세상이 오리란 생각은 기자만의 생각이 아닐 것이다.

- (사)I.C.D 코리아 부회장 역임
- B.M.B 전북 남성 미용인 연합회장 역임
- J.M.B 전국 남성 미용인 연합회장 역임
- 20여 가지 샤기테크닉 개발
- 12개 가위 테크닉 개발
- 로드 커트쇼(거리쇼) 100회 이상 진행
- 공연과 무대커트쇼 행사 다수
- 에어존커트 창시
- 에어존 질감테크닉 및 스트록컷, 파이브컷 세미나 및 특강 중
- TV헤어 에어존 커트강사
- 미용회보 커트작품 연재
- (사)대한미용사회 전주완산지부장
- (사)대한미용사회중앙회 기술강사
- (사)대한미용사회중앙회 제 24대 이사
- 박성호미용군단 대표
- MBC, KBS, SBS 외 전국방송 8회 출연

배움에는 나이가 없다
- 이미정 대표 -

열일곱 아리따운 나이에
미용을 시작했다
멋쟁이 어머니는
손재주가 뛰어난 딸을
미용의 길로 안내하신 길라잡이
새로운 도전은 희망을 낳고
인고의 시간도 가졌다
미용인은 끊임없이 공부하며
봉사하는 삶
인턴들에겐 따뜻함과 칭찬
디자이너들에게는 비전과 경험
사랑으로 다가갔다
드디어,
'아름다운 여인의 시작은 강릉으로부터'
엘미강헤어가 세상에 빛을 발하기 시작했다
성공은 시작에 불과할 뿐
석사에서 교육자로
세계를 넘나드는 봉사자로
우뚝 섰다
그래도 이제는 박사다
모든 걸 갖춘 미용인이 되기 위해
오늘 또 달린다

평생 공부하는 미용인

이미정
그로잉살롱 강릉점 대표

많은 미용인들의 추천으로 만남 성사

 강릉하면 많은 미용인들은 그로잉살롱 강릉점를 떠올리고 그로잉살롱 강릉점하면 이미정 대표를 연상한다. 그만큼 강릉에서 그로잉살롱 강릉점를 운영하는 이미정 대표는 미용인 사이에서 부러움의 대상이다. 기자가 이미정 대표를 만난 것은 여러 미용인들로부터 이미정 대표를 추천받아서이다. 이미정 대표를 만나기 전까지 많은 미용인, 특히 젊은 미용인들이 강릉의 이미정 대표를 만나볼 것을 권했다. 인간성과 미용 실력을 고루 갖췄는데, 특히 남을 배려하는 마음씨가 남다르다고 말했다.
 드디어 한 미용계 헤어쇼에서 우리는 만날 수 있었고, 누가 먼저랄 것도 없이 수인사 후 친숙하게 후일을 기약했다. 마음이 통하는 사람끼리의 만남은 이처럼 운명처럼 다가오는 법이다.
 그 후 우리는 몇 번 세미나장과 행사장에서 만났다. 그리고 지난 2018년 11월호 우리 잡지의 헤어 연출을 이미정 대표께 맡겼다.
 그때의 소회를 기자는 개인 SNS에 다음과 같이 적었다. "11월호 표지 모델은 모델업계의 기린아 최종문 양. 헤어와 메이크업은 강릉 미용계의

유명스타 그로잉살롱 강릉점 이미정 대표가 맡아 가을미를 물씬 풍기는 작품을 만들었다. 화기애애한 스튜디오, 역시 일은 재미있게 해야 한다."

지금 생각해도 그때 신명나게 촬영했던 기억이 새롭다.

그 여세를 몰아 2023년 4월호 표지 연출도 이미정 대표가 맡았다. 5년 만의 표지 연출 재회였다. 역시 기자는 SNS에 "4월호 표지 모델은 가수 겸 배우로 활동하고 있는 문초희 양. 헤어는 강릉에서 그로잉살롱 강릉점를 운영하고 있는 이미정 대표. 이미정 대표는 우리 미용계의 엘리트로 서울벤처대학원대학교에서 박사를 준비하고 있다. 우리 미용계에서 스마트한 경영으로 미용인의 귀감이 되고 있는 이미정 대표는 향후 미용계를 이끌 재원임에 틀림없다고 기자는 확신한다."라고 썼다.

이미정 대표에 대한 신뢰와 믿음이 이런 표현을 가능하게 했으리라. 그래서 인간은 마음으로 통하고 이어진다고 이야기하지 않던가.

어머니의 권유로 미용 시작

이미정 대표는 열일곱, 꽃다운 나이에 미용의 길로 입문했다. 무교동 뉴 국제 관광호텔 미용실, 이대 앞, 명동을 거쳐 강릉으로 내려갔다. 강릉의 성남동 샛별미용실, 지금은 사라진 남문동 옥수탕 옥수미용실 등 좁고 좁은 미용실 단칸방에서 지내며 미용기술을 익혔다. 어린 나이에 겪은 인고의 시간이었다.

강릉에 살며 현재의 남편을 만났고, 강릉에 정착했다. 첫째 아들을 가지기 전 성남동의 부림장여관 1층에 부림미용실 문을 열었다. 작은 체구에 뽀얀 피부, 어린 여 원장을 만만히 보고 무례하게 구는 손님도 있었지만 당당히 응대하며 기죽지 않았다. 한 명의 직원과 함께 부림미용실을 꾸려나갔다. 그 사이 첫째 아들과 둘째 딸도 태어났다. 두 자녀와 시어머니를 모시며 피곤한 줄 모르고 쉬는 날도 없이 일했다.

그렇게 모은 돈으로 옆 동네 명주동으로 이사했다. '이미정 헤어휴'라는 세련된 간판도 내걸었다. 시청과 관공서가 모여 있던 강릉시내의 명주동에서의 여정은 순탄했다. 문전성시로 손님들이 찾아왔고 자연스럽게 직원 헤어디자이너의 수도 늘었다.

가게 앞 강릉시청은 홍제동으로 이전하고, 교동택지라는 신택지가 개발된다는 소식을 접했다. 그렇게 새로운 시작이자 도전을 결심했다. 교동택지가 조성되던 시기, 그곳의 중심가 상가에 세를 얻었다. 성남동과

명주동 구도심을 떠나 신도심에서의 새로운 출발이었다.

거느리는 헤어디자이너와 인턴들의 수가 늘어났다. 그때 분점 확장에 대한 고뇌를 시작했다. 그 시기에 우연히 만난 민스헤어 박창준 대표와의 인연으로 '민스헤어 강릉점'으로 새 단장했다. 고객 한분 한분에 대한 섬세한 케어와 소통으로 매출은 더 오르고 올랐다. 민스헤어 전국 프랜차이즈 지점 중 최고 매출 지점으로 선정되기도 했다. 그런 시기를 거치며 민스헤어 교동점, 교동택지점, 입암점으로 분점을 오픈했다. 강릉에서 민스헤어가 머리 잘하는 미용실이라고 소문이 나기 시작한 건 이 때부터였다.

그로잉살롱 강릉점의 탄생

민스헤어 강릉점이라는 타이틀에서 벗어나 이미정 대표의 미용 철학과 신념을 담은 브랜드를 만들고 싶어졌다. 직원들과 주변 지인들, 가족들, 친구들에게 브랜드 이름 네이밍을 자문했다. 결국 새로운 이름은 '엘미강 EMK'으로 결정했다. 프랑스어로 여자를 의미하는 elle 엘르, 한문

아름다울 미(美), 강릉의 강. 이 세 글자를 조합해 '그로잉살롱 강릉점'라는 이름이 탄생했다. 그렇게 그로잉살롱 강릉점 본점, 그로잉살롱 강릉점 교택점, 그로잉살롱 강릉점 교동점, 그로잉살롱 강릉점 입암점으로 4개의 매장이 생겨났다.

 이미정 대표는 2007년, 건국대학교 산업대학원 향장학 전공 석사과정에 입학했다. 일주일에 강의는 이틀. 남편과 함께 차를 타고 일주일에 두 번을 강릉과 서울을 오갔다. 늦은 밤까지 수업을 듣고 강릉으로 내려가고, 다시 다음날 미용실로 출근하는 일상을 반복했다. 밤낮으로 공부하고 연구하며 학위논문을 작성했다. 그리하여 2010년 8월, '향장미용학 석사'라는 새로운 타이틀을 하나 더 얻었다. 그야말로 형설지공, 불철주야 노력의 결과였다.

 석사학위의 취득 후 강원도 원주시에 위치한 상지영서대학교와 충북 제천에 위치한 대원과학대학교의 부름을 받았다. 미용학과의 겸임교수로서 출강을 하게 된 것이다. 강릉의 헤어숍을 경영하고, 직원들을 교육하는 것 뿐 아니라 미래의 미용인재들을 양성하는 귀중한 일을 맡게 된

것이다. 헤어커트, 퍼머넌트, 업스타일, 헤어컬러 등의 과목들을 지도했다. 십여 년을 두 대학에서 강의를 했고, 이후 강릉 가톨릭관동대학교에 뷰티디자인학부가 신설되면서 그곳의 겸임교수직을 맡게 되었다. 대한민국 미용을 이끌어 갈 학생들을 지도한다는 것은 매학기 보람차고 뿌듯한 일이었다.

  이미정 대표는 오랜 시간을 미용계에 몸담고 일하며 배우고 익힌 것들을 단순히 가르치는 일에 그치고 싶지 않았다. 매년 그로잉살롱 강릉점의 헤어디자이너 인턴들과 장애인 학교인 강릉오성학교를 찾아 미용봉사활동을 한다. 순수한 미소로 맞이해주고 아름답고 멋지게 변신한 자신의 헤어스타일을 보고 만족해하는 학생들을 보며 이미정 대표는 나누는 것의 감사함과 기쁨을 배웠다. 기술과 능력을 베풀고 나누기 위해 나가는 봉사에서 오히려 더 많은 것들을 받고 돌아오는 것 같다고 이미정 대표는 말한다.

  지난 2018년 겨울, 평창동계올림픽 패럴림픽대회의 개막식 행사에 초청을 받아 내빈들과 선수들의 헤어와 메이크업을 담당하기도 했다. 전 세계적인 축제의 자리에 한축의 귀한 역할을 감당했던 것이다. 봉사는 국내에 그치지 않았다. 케냐 한국대사관으로부터 연락을 받았다. 대한민국과 케냐의 수교를 기념하여 여는 한복쇼에 궁중머리(올림머리)를 맡아달라는 부탁이었고 이미정 대표는 한국의 아름다움을, 고전미의 아름다움을 있는 힘껏 전해주고 왔다.

배움에는 제약이 없다

이미정 대표는 이제 60대의 문턱에 들어섰다. 늦은 나이일 수 있지만 배움에는 나이 제약이 없으며 학업의 길을 끝이 없다고 이미정 대표는 생각한다. 그리하여 마침내 서울벤처대학원대학교의 박사과정에 입학했다. 융합산업학과의 미용학 박사과정, 현장 경험과 기술, 거기에 학술과 이론까지 겸비한 공부하는 미용인이 되기 위해 노력한 결과 박사학위를 받기에 이르렀다.

이미정 대표를 보면 인간의 능력은 한계는 없다는 것을 다시금 느끼게 된다. 인간에 대한 따뜻한 마음씨와 봉사 정신, 미용에 대한 애정으로 미용인의 위상을 드높이고 있는 이미정 대표가 있기에 미용계의 미래가 밝다고 기자는 확신하는 것이다.

- 건국대학교 대학원 향장학 석사 졸업
- 서울벤처대학교대학원 박사학위 취득
- 전) 원주영서대학교 피부미용과 [겸임교수]
- 서울중앙회 미용대회 고전머리 부분 입상
- 서비스 최우수숍 선정
- 이미정 헤어 오픈
- 엘미강헤어 1.2.3.4.5.6호점 오픈
- 전) 가톨릭관동대학교 뷰티디자인학과 [전임]
- 평창 패럴올림픽 헤어 담당
- 장애인직업안정연구원 한국 몽골 해외봉사
- 한국 케냐 수교 55주년 한복페스티발 헤어담당
- 한국아유르베다 심리학 기본유형 제7유형 균형단계 수료
- 현) 대한미용사중앙회 고전머리 특별위원회 기술강사
- 전) 대원대학교 겸임 교수
- 전) 사임당 로타리클럽 회장 역임
- 강릉시 주최 야행 헤어&메이크업 담당
- 강원FC 헤어&메이크업 지정업체
- 영국 비달사순 살롱 크리에이티브 코스 수료
- 현) 한국시니어뷰티협회 회장
- 현) 그로잉살롱 강릉점 대표

2장 사랑

미용은 나누는 것
- 김선화 대표 -

아들 딸 가족과 함께
미용을 하며
제자들을 가르치고
고객들께 아름다움을 선사하고
미용인들의 자기 계발을 도와주는 사람
미용은
기술을 나누고
마음을 나누고
그리하여 성공적인 삶을 이끄는
최고의 직업이라 여기는 사람
세상에 공짜는 없는 법이라며
항상 준비하는 사람이 되라고
가슴으로 말하는 사람
미용인으로
잘 사는 인생은
선, 후배들에게
부끄럽지 않은 삶을 사는 것이라며
오늘도
자신의 삶에 채찍질을 하는 사람
나눔의 삶
실천하며 사는 사람

전북의 대표적인 미용 가족

김 선 화
비오비뷰티살롱 대표

기자의 마음을 사로잡고 있는 미용인

한 사람을 얻는다는 것은 한 세상을 얻는 것과 같다고 했다. 사람들의 삶이란 다양하고 각양각색이어서 어떤 공통점을 찾기란 말처럼 쉽지 않다. 특히나 지역적으로 멀리 떨어져 있을 경우에는 더욱 그러하다. 다행히 미용은 전국적인 네트워크가 잘 짜여 져 있고, 미용이라는 공통점으로 묶여 있어서 마음만 잘 맞으면 쉽게 동화할 수 있는 요소를 많이 가지고 있다. 더구나 관심사나 지향점이 갔다면 친해질 확률은 바닷가에서 모래 찾기처럼 쉬울 터.

예향의 고장 전북에서 아들딸과 함께 미용을 하며 미·이용장 취득, 직업훈련교사, 평생교육사, 대한미용사회중앙회 기술강사로서 미용장 최다 배출이라는 영예를 안고 살아가는 비오비뷰티살롱의 김선화 대표는 기자의 마음을 사로잡고 있는 미용인 중 한 분이다.

오래전, 장옥식 전, 대한미용사회 전북도지회장의 소개로 처음 알게 된 이후 우리 잡지에 몇 번의 작품을 실었었다. 그때만 해도 기술 좋은 전북의 한 미용인이고만 생각하고 있었다. 기자가 해줄 수 있는 마음의 표

시라곤 표지연출의 기회를 주는 것뿐이었다.

　기술력이 우수하다거나 마음씨가 좋다거나 미용계를 위해 일할 수 있는 미용인에게 기자가 제안하는 것은 표지연출 기회를 주는 것이다. 표지 연출은 1년에 단 12번 밖에 기회가 있을 뿐 아니라 대략 8페이지를 할애하는 파격적인 것이기 때문이다. 표지 연출은 덤으로 연예계와 미용계를 잇는 다리 역할도 하고 있다. 미용계와 연예계는 필수불가분의 관계임을 생각할 때 더욱 그러하다. 기자가 표지 촬영 후, 모두 함께하는 뒤풀이를 주선하는 이유도 이런 이유가 가장 크다.

뷰티라이프 두 번의 표지 연출

　김선화 대표는 우리 잡지의 표지 연출을 두 번 했다. 첫번째가 2018년 4월호였고, 두번째가 최근인 2023년 6월호였다. 첫번째와 두번째 표지 연출 후의 소감을 기자는 개인 SNS에 이렇게 썼다.

　"4월호 표지는 가수 조은새 양이다. 꾀꼬리처럼 맑은 그녀다. 스튜디오에 봄 기운이 완연타. 헤어와 메이크업은 전주에서 '디바헤어붙임머리'

우리 사랑하는 동안에

를 운영하는 김선화 원장과 그의 따님이 멋지게 4월호를 연출했다. 김선화 원장은 미용장 출신으로 전북에서 미용장을 여럿 배출하고 있는 실력파 미용인. 앞으로의 행보가 기대된다."

"6월호 표지 모델은 쇼호스트, 사회자, 댄서, 강사, 모델 등 여러 분야에서 두각을 나타내고 있는 프로N잡너 요니 양이다. 헤어는 한국미용장협회 전북지회장과 BOB뷰티살롱을 운영하고 있는 김선화 대표. 김선화 대표는 탁월한 미용 기술을 지닌 미용인. 많은 제자들을 미용장에 합격시키고 있다. 자녀들이 모두 미용을 하는 대표 미용 집안이기도 하다. 메이크업은 대표님의 따님이신 김소현 실장이 맡아 모녀의 실력을 맘껏 뽐냈다. 부러운 미용가족이다."

기자가 장황하게 개인 SNS에 올린 글을 전부 싣는 이유는 김선화 대표의 진면목을 다시 한 번 살펴보기 위해서다. 이만하면 김선화 대표가 어떤 미용인인지 대번에 알아볼 수 있지 않겠는가!

많은 미용장을 배출하는 이유

이왕 옮기는 김에 6월호 인터뷰 중 '많은 미용장을 배출할 수 있는 비결이 무엇인가?'라는 답을 들어보자.

'미용장 교육은 2010년 5년 노력 끝에 미용장 합격을 한 뒤, 운 좋게 바로 수업을 할 수 있는 기회가 주어지면서 시작하게 되었습니다. 시간적으로 바쁜 원장님들에게 좀 더 많은 것을 전달하기 위해 하루 12시간 수업을 진행한 것이 많은 합격자를 배출한 비결이 아닐까 생각합니다. 그리고 무엇보다 서로가 한집 식구처럼 배려하고 신뢰하며 응원해 줄 수 있는 분위기를 만들어 주는 게 가장 큰 비결 같습니다. 13년 동안 배출된 이미용장 제자들이 이제는 저와 함께 새로운 교육을 만들어가 줘서 감사하고 고마운 마음이 큽니다.'

김선화 대표의 교육에 대한 열정과 마음가짐을 알 수 있는 대답이었다. 미용계 교육자란 이런 삶이어야 한다는 모범을 보여주는 사례라고 기자는 생각한다.

　김선화 대표는 꽃다운 나이인 17살 때 한 미용인이 텔레비전에 나와서 강의하는 모습을 보고 미용인의 삶을 선택했다. 그렇게 시작한 미용 인생이 이제 38년째를 맞았다. 앞에서도 언급했지만 김선화 대표는 미용 교육자로서 탁월한 실력을 뽐내고 있다. 올해에는 미용 후배들과 따님이 지방기능경기대회에서 금메달 3개와 은메달 1개 그리고 미용장 5명, 이용장 1명을 배출하는 놀라운 성과를 내기도 했다. 미용인으로 살아오면서 아들과 딸의 존경을 받으며 이룬 성과이기에 큰 기쁨이 아닐 수 없다.

최선을 다하는 삶

　김선화 대표는 전국기능대회 선수지도를 위해 그들과 함께 날밤을 샜다. 취업을 위한 특성화 고등학교 수업은 물론 이미용장 수업, 가기에 더하여 일주일에 두 번씩은 고객들을 위해 미용실에서 일하고 있다. 바쁜 일상 속에서 행복을 느끼며 살고 있다. 미용인이라면 꿈 꿀 수 있는 삶이라 할만하다.

　"k뷰티를 알리는 일도 중요하지만 우리 스스로가 체계적인 시스템을

구축하여 무작위로 생기는 미용실 오픈을 조금은 막아야 좋은 기술로 우리의 위상을 더 높이지 않을까 생각합니다.

유일하게 저희 미용만 기능사에서 기능장으로 점프하는데 다른 직종처럼 우리 미용도 기능사, 산업기사, 기사, 기능장 순으로 오픈을 할 수 있는 조직력이 필요하지 않을까 생각합니다."

'선진 미용을 위한 제언이 있다면?'이라는 질문에 김선화 대표는 이렇게 답했다. 미용 교육에 열정을 쏟고 있는 김선화 대표이기에 그의 답이 주는 울림의 깊이가 크다.

"선배님들이 늘 하시는 말씀 중 기억에 남는 것은 세상은 거저 얻어지는 게 없다는 말씀입니다. 저는 늘 가슴에 그 말씀을 새기며 살아갑니다. 네 인생이 어찌될지 모르니 준비하며 살아가라고 전하고 싶습니다."

김선화 대표다운 교훈이 아닐 수 없다 선배님들의 말씀을 귀담아 듣고 후배들에게 마음으로 전하니 이보다 귀한 교훈이 어디 있겠는가.

지금까지 곁에서 함께해주고 있는 후배들과 미용인들에게 봉사하며 자기 개발을 할 수 있도록 선배로써 징검다리 역할을 다하고 싶다는 김선화 대표, 앞으로의 행보는 잘 사는 인생 선, 후배들에게 부끄럽지 않은 인생을 살며 미용 후배이기도 한 아들 딸에게 자랑스러운 선배로 살아가고 싶다는 김선화 대표가 있기에 미용계의 한 사람으로서 기자는 마음이 든든하기만 하다. 뿐 만이랴, 미용계에서 의리 있는 모습을 보여주고 있는 김선화 대표께 의미있는 박수를 보내고 싶은 기자다.

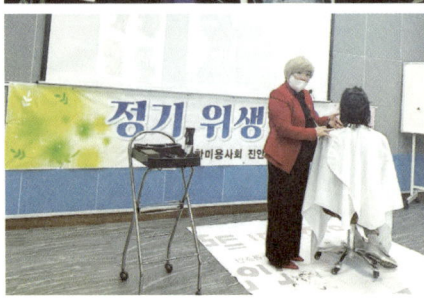

- 건신대학원대학교 박사
- 비오비뷰티살롱 대표
- 한국미용장협회 전라북도지회장
- 국가공인 미용장
- 국가공인 이용장
- 협동조합 전북미용교육협동조합 이사장
- 메이크뷰티아카데미 정읍점대표
- 대한미용사회중앙기술강사
- 대한미용사회 전라북도지회 상임위원
- 대한미용사회 정읍지부. 상무위원

고전머리에 건 미용 인생
- 임수빈 회장 -

손재주가 뛰어났던 아이
동생들과 친구들의 머리를
예쁘게 꾸며주며
장난치던 어린 시절
행복했던 추억이었네
그 재능
우리 민족 전통 미용 문화로
물줄기를 이어오며
고난과 역경을 극복하고
자신만의 길을 개척하였나니
이제
눈물과 땀방울이 토대가 된
우리 미용계의 지평을 크게 넓힌
한국방송고전머리전문가협회로
큰 싹을 틔우네
고전머리가
미용학과의 전공필수가 되는 그날까지
여정을 멈추지 않으리
전통을 제대로 알아야
미래가 바로 서는 법
떨잠의 떨림처럼
오늘도 고전머리를 완성시켜 나가는
한 미용인 있네

미용계의 지평을 넓혀가는 미용인

임 수 빈

한국방송고전머리전문가협회 회장

미용계의 지평을 넓혀가는 미용인

기자는 우리 미용인의 위상을 높이고 미용의 지평을 넓혀나가는 미용인에 대한 관심이 높습니다. 잘 알다시피 우리 미용인들의 손재주는 세계 어디에 내놓아도 뒤떨어지지 않습니다. 아니 뒤떨어지지 않는 게 아니라 기술력이 대단하다고 할 수 있습니다. 그런 우리 미용인들이지만 아쉬운 점이 한 가지 있었다면, 체계적인 교수법이나 이론이 없이 도제식으로만 제자들을 가르쳐 왔다는 것입니다.

그러나 2000년대 초부터 영국이나 프랑스, 일본 등지의 미용학교에서 체계적인 미용 교육을 받은 미용인들이 등장하기 시작했고, 미용대학에서 미용을 전공한 미용인들이 늘어나면서 지금은 이론과 실기 모든 면에서 세계 미용계를 선도하고 있는 몇 국가 중의 하나라고 해도 과언이 아닙니다. 이는 선배들을 존경하고 후배들을 아끼는 우리 고유의 전통도 한몫했다고 봅니다.

지금 우리 미용계를 자세히 살펴보면, 미용계의 지평을 넓혀나가는 미용인들이 많이 계십니다. 이는 우리 미용인 사회적 위상을 드높여나가는

 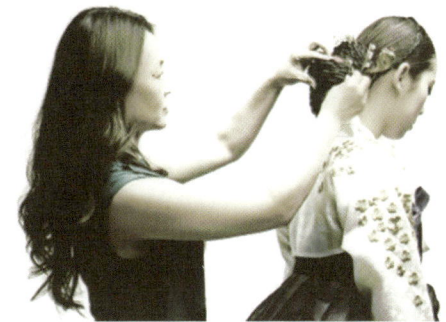

것은 물론이고, 미용의 영역을 확대해나간다는 점에서 대단히 고무적인 일입니다.

비근한 예를 들면 고전머리(전통머리), 미용역학, 헤어스케치, 헤어아트, 증모 가모 가발술, 반영구화장술 등이 있으며, 특히 고전머리 부분에서는 혁혁한 성과로 나타나고 있습니다.

한국방송고전머리전문가협회 창립

그 중 오늘 소개하는 한국방송고전머리전문가협회 임수빈 회장은 고전머리를 일반인에게 알리는 데 큰 공헌을 하고 계신 미용인입니다.

임수빈 회장이 이끌고 있는 한국방송고전머리전문가협회는 '우리 옛 여인들의 머리 형태를 통해 조상들의 삶과 여정, 슬기와 지혜를 배우며, 전통과 문헌사료들을 고증하고 현대인의 트렌드를 리드하면서 다양하게 변화된 머리모양으로 승화시킴으로써 우리 고전머리의 발전을 도모하고자 설립한 협회'입니다.

그렇다면 임수빈 회장은 언제부터 이런 고전머리에 관심을 가지게 되

었을까 궁금하지 않을 수 없습니다.

"제가 성인이 되어 본격적으로 미용에 입문하면서부터 우리 민족의 전통 미용문화는 어떤 것일까? 각 분야에 전통 문화는 그런대로 연구되고 복원되고 있지만 왜 유독 미용분야는 그 연구가 미미하고 척박할까? 미용사 생활을 하면서 느낀 저의 궁금증이자 호기심이었습니다. 분명 우리 민족에게 미용 문화도 있었을 텐데… 이런 지적 갈증이 전통미용 문화와 고전머리에 관심과 흥미를 갖게 된 이유입니다."

임수빈 회장은 이런 이유로 고전머리에 관심을 갖게 되었고, 고전머리에 대한 지적 호기심을 해소하고자 부단한 노력과 공부를 계속합니다. 사료적 연구나 자료가 부족했지만 고전머리를 향한 임수빈 회장의 집념과 열의는 대단했습니다. 그 결과물의 산실로 한국방송고전머리전문가협회가 탄생하게 됩니다.

"한국방송고전머리전문가협회는 그야말로 노력과 땀방울로 이어진 협회입니다. 무엇보다도 우리 미용계에서 없어서도 안 될 학문이고 꼭 있어야만 하는, 미용학과의 전필이 바로 고전머리가 아닌가 싶습니다. 저는 고전머리를 연구하여 이제 27년을 성장시켜왔습니다. 지금 되돌아보

고 다시 가라하면 너무 먼 길이지만 역으로 보면 임수빈이라는 고전머리 전문가가 고전머리의 핵심을 알고 있기 때문에 힘든 과정을 이겨내고, 또한 고전머리에 여러 부문을 접목해 왔다고 자부합니다. 지금은 많은 사람들이 고전머리를 알고 있으며 또 이어하려고 하는 사람도 있고, 배우러 오는 사람도 있습니다. 고전머리를 우습게 생각하는 사람도 더러 있기도 합니다. 그러나 중국과 일본, 우리나라의 머리, 복식이 서로서로 관계를 맺으며 이어져온 만큼 우리나라의 고전머리는 우리 미용계의 자존심이라고 할 수 있습니다. 저는 앞으로 미용대학교에서 고전머리가 전필로 선택될 수 있도록 끊임없이 노력할 것입니다. 그것이 한국방송고전머리전문가협회가 지켜가고 이어가야 할 가장 큰 핵심 사업이라고 생각합니다."

고전머리가 전공필수가 되는 그날까지...

임수빈 회장은 고전머리가 당연히 미용학과의 전공필수 과목이 되어야 한다고 강조합니다. 전통과 역사를 제대로 알아야 밝은 미래를 보장

받는다는 믿음 때문입니다.

"우리나라는 5,000년 동안 이어온 역사가 있습니다. 저는 고전머리의 문화가 있다는 것을 공부를 통해서 알았습니다. 중국을 무시하는 경우가 종종 있는데 중국은 절대 무시할 수 있는 나라가 아닙니다. 각 시대마다 조금씩 중국의 어떤 왕이 들어서느냐에 따라 복식과 머리와 장신구가 변했습니다. 그래서 5,000년을 추적을 해보니 시대별로 복식, 머리, 장신구들이 달랐습니다. 지금 우리나라가 전 세계에서 K-뷰티, K-푸드 등 세계 시장을 선도하게 된 이유도 바로 5,000년이라는 긴 세월 동안 이어져 온 유구한 역사가 있었기 때문입니다. 이에 발맞춰서 지금 우리가 지켜야할 학문이 K-POP, K-뷰티에서 일어나는 우리나라의 역사인 고전머리 분야의 고전머리 명칭, 고전머리 장신구 등이며, 어느 시대에 어떤 것들이 유행을 했는지를 고증학적으로 잡아줄 때인 것 같습니다."

고전머리 전문가로서 임수빈 회장이 느끼는 책임감은 무거울 수밖에 없습니다. 외롭고 고독한 자리이지만 임수빈 회장은 그것을 천직으로 여기며 살고 있습니다.

현재 임수빈 회장은 대학교, 뷰티학원 등에서의 초청 강의를 통해 고전머리를 다방면으로 알리고 전파하는데 노력을 다하고 있습니다. 한국방송고전머리전문가협회를 운영하면서 지금까지 해왔던, 고전머리를 알리는 것도 중요하지만 앞으로는 이 고전머리라는 테마를 어떻게 이어가야 할 것인지에 대한 고민도 많이 하고 있습니다. 그래서 요즘엔 고전머리 과정을 재해석하고 공부하는, 그녀의 발자취를 다시금 재정리하고 있습니다. 이는 임수빈 회장의 개인적인 일에 그치지 않고 우리 고전머리를 위해서도 중요한 일이라 여겨집니다.

토탈 종합 미용인으로서의 임수빈 회장

임수빈 회장은 고전머리만 연구하고 잘하는 게 아닙니다.
"저는 앞으로 10년 동안 수빈헤어메이크업이 코리아디자인센터와 함께 웨딩산업을 이끌어나가기로 결심했어요. 수빈헤어메이크업이 K-뷰티의 메카가 될 수 있도록 만들고 싶어요. 우스갯소리로 한 말씀만 하겠습니다. 우리 제부가 코리아디자인센터를 운영하고 계시는데 제가 너무 고전머리 얘기만 해서 일반 헤어메이크업을 못하는 줄 아셨대요, 근데 제가 고전머리만 하고 있는 게 아니라 헤어, 네일, 피부, 메이크업 등 토탈 종합 면허를 가지고 있습니다. 수빈 헤어 메이크업에서도 일반 머리, 염색, 퍼머까지 다 합니다. 저의 이름을 딴 미용실이 고전머리와 잘 조화를 이루었으면 좋겠습니다."

　지금까지 옆에서 지켜본 임수빈 회장은 천상 미용인입니다. 고전머리에 대한 임수빈 회장의 자부심과 긍지는 놀라울 정도입니다. 그런 자긍심을 믿기 때문에 고전머리에 대한 우리의 신뢰도 더욱 깊어지고 넓어진다는 게 기자의 생각입니다.

　미용은 창작이며 창조라고 생각하는 임수빈 회장, 작품을 대하는 마음에 진심이 담겨야만 한다는 임수빈 회장, 고전머리의 보급에 앞장서고 있는 임수빈 회장의 행보에 우리 미용계의 이목이 집중되지 않을 수 없습니다.

- 한국방송고전머리전문가협회 회장
- (주)오색단장 대표이사
- 수빈헤어&메이크업 대표
- (사)한국예술문화단체총연합회 고전머리 명인
- 우리문화계승선양회 집행위원
- 한국무형문화예술교류협회 가체장 명장
- 서경대학교 미용예술대학원 졸업 박사학위 취득
- 호서대학교대학원 뷰티디자인학과 수석졸업(석사 취득)
- 인덕대학교 방송뷰티디자인과 외래교수
- 청담동 차치위원회 뷰티분과 위원장
- 공로패 '자랑스런 한국인 대상'
- 명장패 '한국무형문화유산 가체장' 공로패 '글로벌 기부 문화공헌 대상' (재단법인 기부천사클럽)
- 대한민국 문화공헌 대상' (국회의원 이종걸)
- 공로상 '대한민국 봉사 대상' (사)한국유엔봉사단 / (사)한국국제연합봉사단
- 표창장 (국회의원 송영길)
- 감사장 '청와대 사랑채 전통공연 시연' (청와대)
- 박사학위 논문 [불화 속 여인들의 머리 형태를 응용한 퓨전 업스타일 개발] (서경대학교 대학원)
- 저서 〈고전머리 이론과 실습〉

참된 미용인의 표상
- 노인선 회장 -

어려운 환경에서 벗어나고자 시작했던
미용!
성실함으로 오늘의 나를 만들었네
미용인은
고객의 겉면만을 꾸미는 사람이 아닌,
상대방의 마음을 읽고
가슴속으로 다가가
내면까지 아름답게 하는
직업을 가진 사람이란 걸
비로소 깨닫네
오늘도 공부하네
그리하여
기술을 전수하고
마음을 전하고
봉사를 실천하여
미용인의 새로운 길을
개척하네
참된 미용인으로
미용인의 표본으로
길이 남네
우뚝 솟네

미용은 나에게 마음의 스승이다

노인선
(사)한국미용장협회 서울시지회 회장

미용을 하게 된 이유

미용을 오래하셨던 미용인들을 만나면 기자는 '어떻게 미용을 시작하셨느냐'는 질문을 꼭 하게 됩니다. 이는 기자의 호기심의 발로이지만 엉뚱한 대답이 나오길 기대하는 면이 더 크다고 할 수 있습니다. 그러나 많은 미용인들의 대답은 한결같이 정해져 있다고 해도 과언이 아닙니다. 눈치들 채셨겠지만 가난에서의 탈출이 주된 이유입니다. 지금이야 먹을 것이 없어서 굶주리고 사는 사람들이 없지만 몇 십 년 전의 우리나라를 상기하면 이해가 되고도 남습니다.

미용을 어떻게 시작하게 되었느냐는 물음에 노인선 회장의 대답은 구체적이고 현실적이며 미래지향적인 면까지 포함하고 있습니다.

"공부를 하고 싶었으나 가난이라는 현실 속에서 꿈을 꾸기가 어려웠고, 이를 위해 자본을 스스로 구축하자고 계획했습니다. 이에 선택한 것이 미용이었습니다. 그 시절 미용 기술은 산업사회에서 새로운 서비스 산업으로 대두되었고, 미래지향적인 직업이라는 생각까지 했습니다."

야무진 대답이라고 말하지 않을 수 없습니다. 노인선 회장의 대답은 이

어집니다.

"젊은 날에는 단순히 현실적인 이유로 미용을 선택하였지만, 직업을 가지게 되면서부터 또 다른 꿈을 꾸게 되었고, 그에 맞게 노력하다 보니 여기까지 왔습니다. 좋은 고객님들을 많이 만나게 되면서 가게 오픈과 동시에 결혼, 출산 등의 과정을 거쳐 지금까지 한 곳에서 계속 가게를 운영할 수 있게 되었습니다. 어느 한 강의에서 '가슴 뛰는 꿈은 없다, 작은 꿈을 만나 내 가슴이 뛸 때까지 노력하는 것이다.'라는 말을 들은 적이 있습니다. 이는 곧 이제까지 미용이라는 꿈과 오랜 시간 함께해 온 나의 이야기에 다름 아닙니다."

주경야독으로 박사 학위까지

그렇습니다. 노력만이 인간을 완성시켜나가고 발전시켜나간다는 것을 노인선 회장은 일찍감치 간파한 것입니다.

노인선 회장은 어릴 적부터 공부를 좋아했으나 학업을 계속할 수 없어

사회생활을 먼저 하면서 주경야독하며 기본 교육을 마칠 수 있었습니다. 이뿐만이 아닙니다. 늦게 시작한 공부였지만 면학에 힘써 박사 학위까지 취득하는 쾌거를 이루었습니다. 박사 학위를 취득하기까지의 과정은 그야말로 몇 권의 책으로 써도 모자랄 지경이었을 터.

노인선 회장은 이러한 노력 뒤에서도 미용인의 참된 삶을 실천하고자 봉사하는 데에도 전력을 다했습니다. 평소 해왔던 봉사 외에도 미용 기술을 주도적으로 프로그래밍하여 취약한 계층을 위한 사회기관에 접목, 코로나로 인해 미용기술이 효과를 발휘하는 흐뭇한 경험을 갖기도 했습니다.

노인선 회장은 이에 만족하지 않고 있습니다. 처음부터 운영해왔던 미용실을 지금까지 지속적으로 운영하고 있으며, 현재 계명문화대학교에 겸임으로 재직하고 그 외 서울시에서 운영하는 대학생과 같은 교육이 필요한 곳에서 강의와 실무자로서의 노하우를 전수하며 후학 양성에도 전념하고 있습니다. 이외에도 한국미용장협회 서울지회장을 맡아 서울 지회의 발전과 나아가 미용장들의 능력을 최대한 발휘하여 미용산업 발전에 기여하기 위해 힘쓰고 있습니다.

자그마한 체구에서 이 정도의 에너지를 만들어낸다는 것 자체가 노인선 회장의 매력이자 능력이라고 말할 수 있습니다.

노인선 회장은 앞서가는 미용인답게 미용에 대한 생각도 남다릅니다.

미용은 마음의 스승

"나에게 미용은 마음의 스승입니다. 시대가 발전하면서 남을 위해 희생하던 시대에서 이제는 본인들의 아름다움, 개인에 대한 존중들이 중시되는 시대가 되었습니다.

단순히 표면적으로만 보았을 때에는 많은 고객들이 겉으로만 아름다움을 추구하고 있는 것처럼 보일 수 있지만, 시대의 변화 속에서 개개인의 겉면에 대한 아름다움을 추구하는 현상이 내면적으로는 본인에 대한 깊은 존중감이 깃들어 있기 때문에 가능하다고 저는 생각합니다."

깊은 통찰력과 이해 없이는 이런 깨달음을 얻을 수 없다고 기자는 느낍니다.

노인선 회장의 미용 인생을 성공적으로 이끈 것은 성실함입니다. 항상 매일매일 자기 전 내일의 계획, 더 나아가 한 달의 계획, 일 년의 계획으로 확장해나갈 뿐만 아니라 오늘 하루 계획을 실천하여 습관을 들여갔습니다. 이 하루하루의 계획을 실천하는 과정에서 목표를 이루는 것은 당연한 결과였습니다.

노인선 회장은 앞으로의 미용을 어떻게 생각하고 있을까요?

"앞으로의 미용? 현재와 미래는 너무 빨리 변화하고 있습니다. 미용 산업에 대해서도 겉면을 중시하는 시대에서 이것이 내면적으로의 아름다움으로 발전하기까지 많은 변화가 뒤따를 것입니다. 향후의 미용도 이와 관계될 수 있을 것이라고 확신합니다.

곧 미용 산업에서는 단순히 기술적인 면모보다는 정신적인 힐링으로써 외면과 내면이 동일시된다는 것입니다. 이제는 미용도 하나의 문화로 거듭나면서 개인 한사람 한사람이 힐링하는 여가 시간으로도 볼 수 있고 미용을 즐기는 시대가 되었습니다.

외면적으로는 사회생활에 피곤했던 자신의 모습을 서비스 받는 동안 잠시 휴식하며 정신을 쉬게 하기도 하고, 서비스 후에는 그것이 곧 본인의 이미지가 되면서 본인의 모습이 되고, 그것이 곧 내면으로 이어지며 본인 그대로가 된다고 생각합니다.

미용은 곧 외면적으로 자신의 아름다움을 개인 성향에 맞춰 개성 있게 만들면서 내면적으로도 자신에게 힐링할 수 있는 것이 되었습니다. 그렇기 때문에 미용인은 기술적인 면모뿐만 아니라 상대의 마음을 읽고, 공감하며 고객 한 사람 한 사람에게 다가가는 서비스를 제공해야 하며, 그것이 곧 선진 미용을 위한 길이라고 생각합니다."

미용이라는 직업에 대한 깊이 있는 고민과 애정이 합쳐져서 이와 같은 결론에 도달한 것이리라. 미용계 리더의 생각은 역시 다르다는 확신이 들게 하는 대답입니다.

미래의 주인공은 미용인

미용인들에 대한 애정 어린 조언도 역시 노인선 회장답습니다.

"다른 사람의 아름다움을 추구하고, 연구하고, 창출해내는 우리 미용인은 그 자체로도 아름다운 마음을 가지고 있습니다. 언제나 그 자리에서 최선을 다하면서 작은 것 하나라도 서로 돕고, 자유로운 연구를 통해 서로가 서로를 배우는 시간을 많이 나누게 된다면 더욱 활발한 미용 산업속의 아름다운 우리가 될 수 있을 것이라 생각합니다."

이제 미용 생활 40년이 넘은 노인선 회장, 남은 시간은 건강이 허락하는 그날까지 사회 손길이 필요한 곳이 있다면 함께 할 것이라는 노인선 회장, 언제나 있던 그곳에서 끊임없이 찾아주시는 고객님들과 힐링하며 지내고 싶다는 노인선 회장!

노인선 회장의 이런 바람이 이루어질 때 우리 미용사회도 더 밝고 진취적으로 거듭나리라 확신하게 됩니다.

- 고추잠자리 미용실 대표
- (사)한국미용장협회 서울지회장
- 미용장
- 이학박사
- 서울시 중부, 남부 기술교육원 외래교수
- 전) 계명문화대학교 겸임교수
- 국제교류협회 부회장
- 전국기능경기대회 심사위원
- 명장현장평가 심사위원
- 산업현장교수 심사위원
- 과정형평가 검토위원
- 아시아컨설턴트

행복을 만들어가는 사람
- 최명주 지부장 -

미용이 좋아
미용을 시작했네
거동이 불편한 사람들을 위해 봉사하고
미용인을 위해 노력하네
하나 되는 미용인을 꿈꾸네
미용은 존재감을 깨우쳐주는 일등 공신
지부장으로서 회원들에게
더 많은 혜택을 주려 고민하네
소중한 아내, 네 딸의 어머니
가정의 행복이 제일임을 아네
남편은 진정한 동반자
30년이 한결같네
복 많은 사람임을 매일매일 알려주네
한 식구 같은 광주 미용인, 동료 미용인
변하지 않는 남편과 딸들
행복한 마음을 감출 수 없네
이 행복
오래오래 간직하며 살고 싶네
모두에게 고루고루 나눠주고 싶네

"미용은 너무나 행복한 직업입니다"

최 명 주

경기 광주 지부장

좋은 인연은 맺을수록 좋다

좋은 사람들과의 인연은 맺으면 맺을수록 좋습니다. 거기에 더하여 생각하는 바가 같고 성격까지 비슷하다면 금상첨화 아니겠습니까. 사람 사이의 관계가 가까워지기까지는 많은 요소가 작용합니다. 그중에서 물리적 시간 관계는 중요하지 않을 수 없습니다. 그러나 물리적 시간 관계를 뛰어넘는 관계도 종종 존재합니다. 많지는 않지만 말입니다.

기자와 최명주 지부장과의 관계가 이런 경우에 해당합니다. 기자는 인터뷰어를 찾거나 작품을 의뢰할 때 기자가 믿는 주위 사람들한테 소개를 부탁합니다. 그 첫 번째 이유는 추천을 통하면 신뢰감이 무엇보다도 우선 생기기 때문입니다. 믿음은 사회생활의 중요한 담보라고 생각합니다.

최명주 지부장은 기자가 가장 신뢰하는 미용인 중 한 사람인 오해석 前 경기도 지회장의 추천으로 처음 알게 되었습니다. 미용인 중 인품이나 성격, 기술력 중 어느 것 하나 빠지지 않는다는 칭찬과 함께였습니다. 소개 후 처음 전화 통화를 했는데, 얼굴은 보지 못했지만 믿음감이 확 느껴

졌습니다. 그리고 앞으로 미용을 이끌어나갈 수 있는 재원(才媛)이라는 생각이 들었습니다. 오해석 전 지회장이 왜 추천했는지 알만했습니다.

첫 만남 그리고 인터뷰

강원도 속초에서의 미용계 행사에서 우리는 첫 만남을 가졌고, 그 후 기자는 서면인터뷰를 했습니다. 첫 번째 만남에서 제대로 인사를 나눌 수 없었지만 서면인터뷰를 통해 기자는 미용계를 이끌 미용인이라는 확신이 더 굳어졌습니다. 그리고 기자는 지난 2023년 10월호 표지 연출을 제안했습니다. 표지 연출도 연출이지만 만나서 이야기를 하고 싶은 마음이 더 컸습니다.

표지 촬영후 기자는 미용 일기장 및 개인 SNS에 다음과 같이 썼습니다. "표지 연출을 맡은 최명주 지부장은 중앙회 기술강사 출신이며 실력과 인성, 미모 등을 두루 갖추고 있다. 앞으로 미용계를 이끌 재목임이 분명하다. 좋은 미용 친구 한 분을 또 만났다. 앞으로 기대가 크다."

부부의 찰떡궁합 과시

촬영이 끝나고 뒤풀이에서 우리는 분위기를 핑계 삼아 많은 이야기를 나눌 수 있었습니다. 특히 남편의 사람 좋음을 확인할 수 있어서 무엇보다 기뻤습니다.

"남편과는 남편이 고등학교 다닐 때 미용실 고객으로 처음 알게 되었어요. 그러다 시간이 흘러 제 남편이 되었고 어느덧 결혼 30년이 넘었습니다. 그 사이 네 명의 딸을 두어 딸부자로 만들었네요.

남편께 항상 감사한 것은 처음 만났을 때부터 지금까지 변하지 않는 한결같은 마음입니다.

그 마음에 저도 항상 놀라며 감탄하고 있어요. 사람이 어떻게 저렇게 변하지 않을 수가 있을까요.

남편은 제가 행복하기를 바라는 마음이 너무 큽니다. 제가 복이 진짜 많은 사람이에요. 저 혼자는 이 모든 일을 할 수 없었을 겁니다. 남편이 늘 곁에서 제 수족과 같이 함께해 주었기에 지금에 제가 있습니다. 남편께 깊이 감사해요."

그렇습니다. 최명주 지부장은 남편과의 사이에 딸 넷(봄, 여름, 가을,

겨울)을 두고 있으며 '최명주미용실'을 운영하고 있습니다. 거기에 더해 현재 광주시지부 지부장까지 맡고 있는데, 이런 일을 남편이 도와주지 않았다면 훌륭하게 이루어내지 못했을 것입니다. 부부의 찰떡같은 금슬이 기자를 부럽게 합니다.

모범적인 지부 운영

최명주 지부장은 지부장으로서 회원을 위해 광주시에서 교육비를 지원받아 양질의 교육을 회원들에게 제공하고 있습니다. 교육 시 재료비까지 전액 무료로 진행하고 있으니 모범적인 지부 운영이라고 하지 않을 수 없습니다. 또한 치과, 내과, 정형외과와도 협약을 맺어 회원들에게 병원비 혜택까지 주고 있습니다. 광주시여성보육, 노인장애인, 자원봉사단체와도 협약을 맺어 미용인의 봉사 활동을 대내, 외에 널리 알리고 있습니다. 이는 미용협회의 위상을 높이고 있음은 물론이고 미용인의 자긍심을 고취하는데 일조하고 있는 것으로 미용계 지도자들이 귀감으로 삼아야 할 것이라고 생각합니다.

"미용은 저에게 기적이고 선물이고 성장입니다. 제가 미용을 하지 않앉다면 내성적인 성격인지라 삶이 단조로웠을 듯 합니다.

　미용을 하면서 다양한 방면의 고객님들을 만나면서 삶을 배웠습니다. 그리고 지부장을 하면서 몰랐던 제 자신을 보게 되며 저를 알아가는 계기가 되었습니다. 무엇보다 미용은 제게 여러 면에서 풍요로운 삶을 선물해 줬습니다.

　미용은 저의 삶속에 가족 다음으로 전부라 해도 과언이 아닐 만큼 저의 일부입니다. 건강이 허락되는 한 저와 평생 함께 할 저의 모든 것입니다."

　최명주 지부장의 미용과 가족에 대한 애정을 엿볼 수 있는 대목입니다. 이런 감사한 마음을 지녔기에 최명주 지부장은 미용과 가족에 헌신할 수 있을 것입니다. 미용을 하면서 이런 마음을 가졌다는 것은 행복한 일이 아닐 수 없습니다. 그렇기에 우리가 최명주 지부장에 거는 기대가 더 클 수밖에 없습니다.

하나되는 미용인을 위해...

미용인에 대한 당부도 잊지 않습니다.

"안과 밖으로 미용인이 하나가 되기를 소망합니다. 저는 협회를 통해 성장하고 있는 미용인이기에 협회에 애정이 아주 큽니다. 회원이 아닌 분들도 회원이 되고 싶어 하는 협회, 그런 협회를 함께 만들어 가고 싶습니다.

제살 깎아먹기 경쟁이 아니고 개인에 이익보다는 미용인 전체의 이익이 될 수 있도록 모두 함께 하나 된 마음으로 움직이는 미용인이 되기를 바랍니다."

미용계 생리를 많이 보아온 기자는 이런 최명주 지부장의 말씀은 공감을 불러일으키기에 충분합니다. 미용인들이 하나 되는 그날을 기대해 봅니다.

"앞으로의 제 계획은 행복한 사람이 되는 것입니다. '가화만사성'이라는 한자성어가 있듯이 제가 제일 추구하는 것은 가정의 행복입니다. 그래야 모든 일이 잘 되는 것이 맞더군요.

첫 번째가 행복한 가정을 만들어 가는 것이고, 두 번째는 지부의 행복입니다. 리더로서 지부를 잘 이끌어가는 것입니다. 명품지부로 잘 만들어 가겠습니다.

 세 번째는 강사로서 더 많은 원장님들을 만나 제가 가지고 있는 것을 함께 나누고 싶습니다."

 많은 사람들이 인생 목표는 '행복'이라고 말합니다. 그러나 그 행복은 추상적인 목표에 함몰되는 경우가 대부분입니다. 그러나 최명주 지부장은 가족의 구성원, 지부의 장, 강사의 한 사람으로서 구체적인 목표를 가지고 노력하고 있습니다. 그리고 그 성품과 사람됨을 기자는 잘 알고 있기에 기대하는 바가 큽니다.

 삶이 성공했다는 생각은 하지 않는다는 최명주 지부장, 나쁘지 않은 자기 삶에 감사하게 생각한다는 최명주 지부장, 어떤 선택을 할 때마다 양심을 걸고 옳은 선택을 하려고 고민한다는 최명주 지부장, 바르고 정직하게 살려고 노력하는 최명주 지부장, 매순간 그렇게 선택하고 부끄럽지 않은 삶을 살려고 노력하는 최명주 지부장이 있기에 기자는 미용계의 앞날을 희망적으로 바라보게 됩니다.

 한 사람의 좋은 친구를 얻는 것은 한 세상을 만나는 것과 같다는 구절이 귓가를 맴도는, 마음 훈훈해지는 하루입니다.

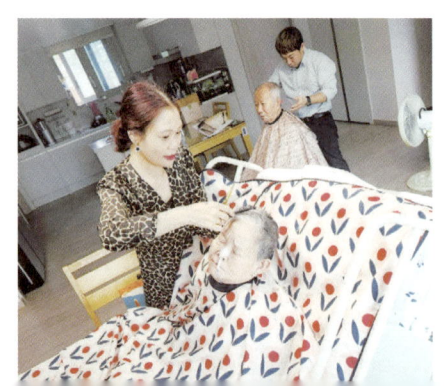

- 산업예술전문학사
- 경기도지사배 미용예술경연대회 심사위원 역임
- 소상공인기능경기대회 심사위원 역임
- 국제한국미용페스티벌대회 심사위원 역임
- 한국미용경기대회 심사위원 역임
- 대한미용사회 경기도지회 상임의원 역임
- 현) 제 18기 대한미용사회회중앙회 기술강사
- 현) 대한미용사회 광주시지부 지부장

시가 된 미용 인생
- 정순옥 미용장 -

늦은 나이에
미용을 시작했다
값비싼 경험 끝
최고의 미용은 기술력
절치부심 노력 끝에
미용장이 되고
미용장 서울지회장이 되고
미용인들과의 단합이
생의 즐거움이었다
명예와 부는
건강할 때 지키는 것
병마와 싸우며
처절하게 배운다
백지 위에
그리움, 원망 적셔놓았다
이제
시인이 되어
분신들을 쏟아놓을 터
가거라,
가서
미용 인생 30년의
인연은 아름다웠노라
전해주거라

미용 인생 아름다웠노라

정순옥
미용장

시집 세 권을 낸 시인

미용인들중에는 미용 외의 분야에서도 뛰어난 자질을 보이고 있는 분들이 많습니다. 시를 쓰는 시인은 물론이고 화가, 서예가, 시낭송가, 역학자, 가수 등등 많은 분야에서 활약하고 있습니다.

여담입니다만 기자는 이처럼 문화예술계 여러 방면에서 활동하는 미용인들을 위해 대한미용예술가협회(가칭)를 만들 준비를 하고 있습니다. 대한미용예술가협회 내에 시 분과, 시낭송 분과, 미술 분과, 가수 분과, 캘리그라피 분과 등을 소속 분과로 둘 계획입니다.

미용인 예술가 중 시인들이 특히 많습니다. 특히 정순옥 미용장은 첫 시집 〈음표 없는 멜로디〉에 이어, 두 번째 시집 〈기다림의 언덕〉을 간행했고, 세 번째 시집 〈바람 따라 쉼표 하나〉를 출간했습니다. 시집 편수가 시인의 역량을 가늠하는 잣대가 될 절대적인 기준은 아니지만 현역으로 활동하는 시인들 중 세 권의 시집을 출간한 시인은 많지 않습니다. 그만큼 정순옥 미용장은 시에 대한 열정과 애정이 대단하다고 말할 수 있겠습니다.

늦은 미용계 입문

정순옥 미용장은 결혼 후 늦게 미용을 시작했습니다. 처음엔 직원들이 일을 하고 그저 관리만 잘 하면 되는 줄 알았다고 합니다. 그리하여 영등포에 헤어, 피부, 웨딩드레스, 화장품판매까지 하는 토탈숍을 차렸습니다. 결국 2년 만에 권리금, 시설비, 비품 등 서울에서 집 한 채 살 수 있는 돈을 지불하고, 미용은 기술력이 좌우한다는 큰 경험을 얻게 됩니다.

미용실 실패 후, 친정엄마, 오빠의 도움으로 미용 공부를 다시 시작하게 되었습니다. 기술만이 미용인으로 살아남는다는 각오로 낮에는 직원들 뒷바라지를 하고 밤에는 여러 스승님들을 찾아다니며 미용대회, 헤어쇼 참여로 많은 경험을 했습니다. 불철주야 각고로 노력한 끝에 공부하는 미용사로 자리를 잡았고, 미용장 자격증에도 도전하여 당당히 합격하였습니다. 피나는 노력이 수반되었음은 물론입니다.

노력의 결실은 달콤합니다. 정순옥 미용장은 사단법인 한국미용장협회 제 7대 서울지회장을 맡기도 하였습니다.

"미용장협회 서울지회장 재직시 회원들과 몇 날 밤을 새워 만들던 작품들 중 머리카락공예로 만든 숭례문을 잊지 못합니다. 작품성도 많은 박수를 받았지만 회원들과의 단합이 으뜸이었던 것 같습니다.

부족한 공부를 하면서 배우고자하는 미용인들에게 스승이 되기도 하고, 미용인 손길이 필요한 봉사도 참 열심히 하면서 살았습니다."

이때를 미용인으로서 참으로 열심히 살았던 시기로 정순옥 미용장은 기억합니다. 책임감과 미용인을 사랑하는 마음이 누구보다 강했던 정순옥 미용장이였기에 가능한 일이었습니다.

찾아온 병마, 시로 승화

정순옥 미용장은 또 말합니다.

"미용은 기술이 첫째라면 인성도 첫째라 생각합니다. 적당히 명예를 얻었을 때 내려오고, 나누고 베풀 줄 알았으면 하는 바람이 요즘 많이 듭니다.

가족도, 건강도 지키면서 자랑스런 미용인이 되었으면 합니다. 미용인에게 두 마리 토끼를 다 잡으려 하지 말자고 부탁하고 싶습니다."

이렇게 말하는 이유가 있습니다.

정순옥 미용장은 몇 년 전, 혈액암이라는 진단을 받게 되어 현재는 항암치료로 검게 변한 얼굴, 심한 뼈 통증 등으로 고생하고 있습니다. 한때는 어두운 모습이 싫어 친구들, 지인들 모두 보고 싶은 마음을 닫고 지냈었습니다. 이때 마음을 다잡게 해준 것이 시였습니다. 신이 주신 시련을 하얀 백지에 쏟으며 토닥토닥 자신을 위로하며 백지 위에 그리움, 원망, 회한을 쏟아 부었습니다.

정순옥 미용장의 주옥같은 시들은 이렇게 태어났습니다. 병마의 고통을 시로 승화한 것입니다. 인간 승리의 표본이라고 말하지 않을 수 없습니다.

바람이 되어

여기에서 전에 기자가 소개한 정순옥 시인의 시 한편과 해설을 이야기 하지 않을 수 없습니다.

바람이 되어
정순옥(1960~)

봄 내음 가득 담아
발길 닿는 대로
너에게로 가고 싶다

그리움을 풀어 놓은
향기 속에
녹아내리는 뜨거운 가슴

붉게 익어버린
홍시 하나

수줍음에 바람이 되어
눈이 덮인 소나무 가지를 흔들어본다

◆이완근의 詩詩樂樂 /시 읽는 즐거움의 시는 정순옥 시인의 "바람이 되어"입니다.

사람들은 살아가면서 자연에 의지하는 경우가 많습니다. 그것은 인간이 자연에 비해 나약하다는 것을 보여주는 좋은 예라고 할 수 있습니다. 그러나 다르게 생각하면 온갖 만물 중 인간만이 자연에 빙의할 수 있는 상상력을 가졌다고 말할 수 있겠습니다.

우리가 의지하는 것은 천둥, 번개, 하늘, 신선, 구름, 물, 새, 꽃, 바위, 나무 등등 수도 없이 많습니다. 거개의 것들이 우리의 자유의지를 실현하는데 도움이 될 듯한 것들입니다. 그 중에서도 "바람"은 어디에 구애받지 않는 자유로움으로 인간의 생각을 빙의할 수 있는 최상의 것들 중 하나였습니다.

심금을 울리는 대중가요나 시에 바람이 많이 등장하는 이유이기도 합니다. 바람은 그런 연유에서 자유로운 영혼의 상징입니다.

이 시에서도 바람은 시인의 사랑과 애정을 표현하는 대체물이 되었습니다. 그것은 사계절을 통틀어 시인의 마음을 담아내고 있습니다. 그것은 '봄 내음 가득 담아'서 '너에게로 가고 싶'은 바람으로, '그리움을 풀어 놓은' '뜨거운 가슴'으로, 그리움에 익어버려 붉게 물든 '홍시'로, 나타납니다.

어디 그뿐이겠습니다. 겨울에는 '눈 덮인 소나무 가지를/ 흔들어' 소나무의 고단함을 풀어주려는 사랑을 가득 담은 바람으로의 동화(同化)를 꿈꿉니다.

바람이 되고자 하는 시인의 소망은 아름답기 그지없습니다. 그것은 이웃이나 인간에 대한 아름다운 사랑에 다름 아닙니다. 사계절 내내 그 마음이 변하지 않으니 더욱 숭고하지 않을 수 없습니다.

시인이 꿈꾸는 아름다운 상상이 우리 마음을 훈훈하게 합니다. 그것은 우리 모두의 바람이기 때문이겠지요

그렇습니다. 정순옥 미용장의 꿈은 자연에 순응하며 평범하게 살아가는 것입니다. 미용인으로서 열심히 살았고, 이제는 병마와 싸우면서도 아름다운 세상을 꿈꾸고 있습니다. 아픔의 고통을 시로써 승화하고 있습

니다.

"남은 시간을 계산하지 않고 컨디션이 좋은 날이면 보고 싶은 지인들도 만나고 약선요리, 천연발효식초 등 취미생활도 하며, 엄지척 해주는 아들딸에게 감사하며 예쁜 손자들과 여행을 다니며 남은 생을 즐기고 싶습니다."

때묻지 않은 순수한 모습으로 소박한 삶을 꿈꾸고 있는 정순옥 미용장은 미용을 누구보다 사랑했던 미용인으로, 시를 통해 세상의 아름다움을 전하는 시인으로 오늘도 하루하루를 열심히 살고 있습니다. 정순옥 미용장의 쾌유를 그래서 우리 미용인 모두는 간곡하게 바라고 있습니다. 정순옥 미용장이 건강하게 미용인들 앞에 다시 설 날을 기대해봅니다.

- 미용장
- (사)한국미용장협회 제 7대 서울지회장 역임
- 산업인력공단 미용장 실기채점위원 역임
- 대한미용사회 용산구지회 부회장 역임
- 도모헤어 원장
- 시인
- 시집 〈음표 없는 멜로디〉
  　　〈기다림의 언덕〉
  　　〈바람 따라 쉼표 하나〉

평생의 업, 미용교수
- 김정숙 교수 -

환하게만 웃는 게
인생인 줄 알았어요
미용인 줄 알았어요
미용인생
머리에서 발끝까지
아름다운 것
모두 다
주었지요
준다는 것,
행복의 다른 말이라는 것
깊이깊이 느끼며
살고 있어요
제자들의 성장이
미용인들과의 관계가
삶의 보람이며
생의 기쁨이 된 지금
미용 교수의 추억이
예술학 박사의 혼이
마음을 젊게 해요
봄날의 햇볕 같이
보드라워요
미용교수가 평생의 업이었음을
오늘도 반추하며 살아요

아낌없이 주는 삶

김 정 숙

예술학 박사

미용계의 전통은 정과 의리, 동지의식

'서울벤처대학원대학교 뷰티산업학에서 이번 8월 말 정년퇴임을 하는 1기 졸업생 김정숙 교수(유원대)의 특별한 정년퇴임 기념식이 지난 8월 24일에 열렸다.

지난 8월 24일에 서울벤처대학원대학교 뷰티산업학에서 특별한 정년퇴임 기념식을 진행하였다. 이번 8월 말 정년퇴임을 맞이하는 김정숙 교수(유원대)의 정년퇴임 기념식이었다.

이날 정년퇴임 기념식은 김정숙 교수의 동기 및 후배들의 자발적 따뜻한 마음으로 "행복을 주는 사람들" 주제로 특별한 시간을 가졌다.

이 자리에는 김정숙 교수의 지도교수 윤천성 교수(서울벤처대학원대)와 대학원 동기, 후배, 유원대학교 제자 외 김정숙 교수의 가족들도 함께 참석하여 감동을 함께 나누었다.

또한 서울벤처대학원대학교 동기 및 후배와 유원대학교 제자들의 감사 기념 글을 담아 정년퇴임 영상과 기념집을 제작하여 전달하며 특별한 정년퇴임 기념식을 마무리하였다.'

위의 글은 뷰티라이프 2022년 10월호에 실렸던 기사입니다. 기자가 장황하게 지난 잡지를 뒤적이며 흐뭇한 미소를 짓는 것은 우리 미용인의 상징이랄 수 있는 정과 의리, 동지의식을 잘 나타내주는 기사가 떠올랐고, 그 기사를 찾았기 때문입니다. 우리 미용계는 아직도 정과 의리, 동지

의식이 살아있는 사회입니다. 갈수록 그런 의식이 약해지고 있음이 안타깝지만 그건 세월의 흐름이기에 어쩔 수 없는 현상입니다. 다른 사회에 비해 우리 미용계가 훨씬 천천히 변하고 있음은 다행한 일입니다.

앞서 말한 미용인(계)의 특징을 지금도 고스란히 간직하고 있는 곳이 몇 군데 있는데, 그중에서도 서울벤처대학원대학교는 으뜸에 속한다고 볼 수 있습니다. 신년회 및 신입생 환영회, 졸업식 및 송년파티, 각종 학술 세미나 등등에서 보여주는 서울벤처대학원대학교의 모습은 기자에게 좋은 모습으로 각인되어 있습니다.

미소가 잘 어울리는 김정숙 교수

김정숙 교수를 기자가 처음 만난 것도 서울벤처대학원대학교의 행사 때였습니다. 윤천성 교수의 소개로 만났는데, 소녀적인 모습과 사람을 밝게 하는 미소가 참 잘 어울리는 교수였습니다. 아름다운 미소는 사람을 기분 좋게 하는 마성을 가지고 있습니다. 김정숙 교수는 그런 미소를 가지고 있었습니다. 그리고 지금도 여전히 그 미소를 잃지 않고 있습니다.

그 후로 우리는 자주 행사에서 만났고 여전한 미소로 기자의 마음을 환하게 했습니다. 김정숙 교수는 현재 앞서 게시한 기사처럼 정년퇴직을 했습니다. 그야말로 자신의 능력을 '머리에서 발끝까지' 제자들에게 전수하고 지금은 평온한 삶을 바쁘게(?) 살고 있습니다.

김정숙 교수에 대한 재미있는 에피소드가 두어 가지 있습니다. 미용계의 첫 직장인 (주)아모레 퍼시픽 시절의 이야기입니다. 전 직원을 대상으로 신제품 교육을 하게 되었는데, 대강당에 모인 직원들이 모두 비스듬히 누워 발을 의자에 올려놓은 상태였습니다. 얼굴은 아니 보이고 발만 보이더랍니다. "김정숙입니다. 안녕하셨습니까, 발바닥 선생님들!" 당황하지 않고 위트 있게 상황을 잘 정리한 덕에 첫 강의는 우레와 같은 웃음으로 시작되었고, 그 덕에 인력개발부, 마케팅부, 미용책 교안의 편집을 주관하는 교육자의 길로 접어들었다는 것이 하나의 에피소드입니다.

두 번째 에피소드는 대학에서의 첫 수업 시, "나, 교수는 지도해야 할 (을)입니다. 여러분은 학생으로서 수업을 받아야 할 (갑)입니다. 나는 온전히 지도할 준비가 되어 있습니다. 여러분은 온전히 수업을 받을 준비가 되어 있습니까?"

"네~"하는 우렁찬 소리와 함께 우렁찬 열정의 강의 소리가 복도를 울립니다. 수업을 마치고 연구실 계단에 발이 걸려 넘어지려는 순간, "그래 계단에 오를 기운도 없이 다줬군. 잘했어."

이럴 때, 김정숙 교수는 가슴을 토닥거리며 희열을 느끼지 않을 수 없었다고 합니다. 진정한 교육자만이 느낄 수 있는 보람이며 기쁨이 아니고 무엇이겠습니까. 한 사람의 참된 교육자는 많은 사람의 인생길을 개척하고 바꾸어줍니다.

가르치며 느끼는 보람

김정숙 교수는 학생들을 가르치며 교수로서의 보람을 진정으로 느낀다고 합니다.

"학생들을 가르치면서 놓칠 수 없는 것이 봉사 정신 함양입니다. 학생들은 매월 1회 양노원이나 장애인 복지센터 등 정기적인 봉사를 시행하여 마음과 정성으로 보살펴주며 자신에게 잠재되어 있는 봉사 정신을 일깨워주고 자신의 희생이 기쁨의 도구가 된다는 사실을 체험케 합니다.

어눌하게 접하는 학생들의 행동이 어느새 할머님 할아버님에게 스스

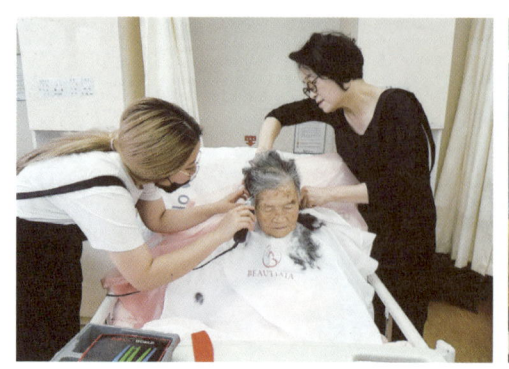

로 준비해온 사탕을 입어 넣어주고, 간지럽게 해주며 깔깔 웃는 모습으로 행복 나누는 모습을 볼 때면 '참으로 인간의 심성은 한없이 곱고 깊구나.' 하는 생각을 하면서 봉사에 충실할 것을 스스로 다짐합니다.

평생교육 과정과 뷰티 건강 프로그램을 실시할 때면 3시간 내내 가장 밝고 맑은 웃음가득 시간을 보냅니다. 스스로 밝은 표정이 아름다움이란 사실을 찾게 되는 수업이지요. 중요한 것은 표정만 웃는 것이 아니라 마음도 웃고 있다는 사실을 배웁니다. 수업하는 교육자로서 받아오는 행복이 더 크다는 생각에 참으로 감사함을 느낍니다."

이런 교육자에게 누가 박수를 치지 않을 수 있겠습니까. 이런 고운 심성과 교육자의 마인드를 가졌기에 우리는 김정숙 교수를 성공한 교육자라고 말할 수 있습니다.

가치에 맞게 행동하는 미용인 강조

김정숙 교수는 또 말합니다.

"미용이란 단어의 개념부터 살펴보면 '얼굴과 머리를 아름답게 꾸미다.'입니다. 아름다움이 외모만 꾸민다고 진정 아름다워 질 수 있을까요? 표정과 건강 수업을 하면서 배운 교훈은 웃으니 행복하고 행복하니 아름다워 진다는 사실을 교육생 모두가 깨닫게 되었다는 점입니다. 아름다운 생각으로 아름다운 표정을 지으니 아름다운 단어가 나오고 어느새 아름다워진 자신의 모습을 거울로 보며 신기한 듯 행복해 합니다."

미용인으로서의 당부도 잊지 않습니다.

"미용인으로서 소망입니다. 노자는 '사람은 개나 닭을 잊어버리면 찾아 나서면서도 잃어버린 자신의 마음을 찾지 않는다.'고 한탄을 했는데, 잃어버린 자기 자신조차 찾지 못한다면 어떻게 미용인의 정신을 알 수 있겠습니까? '너 자신을 알라.' 라고 소크라테스는 말했습니다. 미용인들이 나 자신을 알고 있냐고 스스로 한번 반문 해봅시다. 핵심은 철학이 있는 Philosophy & Doctor 정신입니다. 미용인은 스스로 Philo(사랑) sophy(지혜) & Doctor(도움)임을 아셔야합니다. 미용을 하는 사람은 아

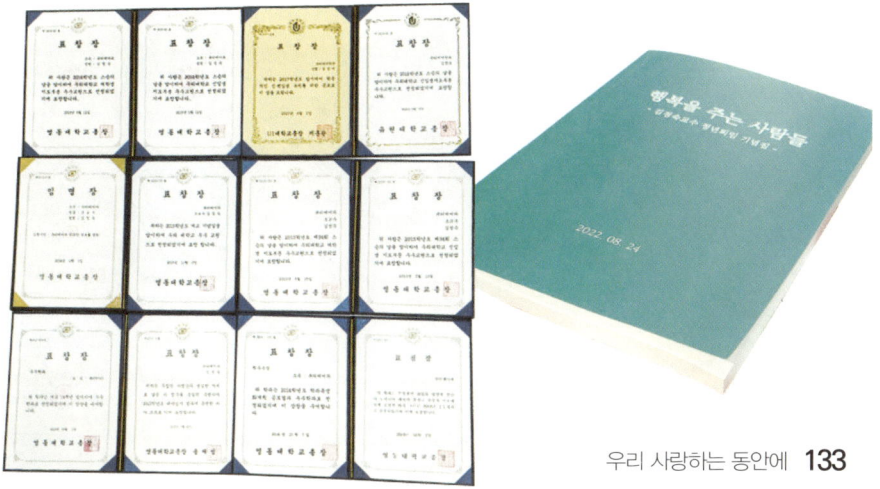

름다움이란 사랑이 있고 지혜가 있고 누군가에게 도움을 주는 사람으로서 의무를 부여 받은 미용인임을 아셔야 한다는 이야기입니다. 이것이 곧 자신의 발견이고 가치에 행동하는 미용인의 시작입니다. '가치에 맞게 행동하는 미용인'으로서 우리는 뷰티산업과 사회에 선한 영향을 주며 살아야 한다는 사명을 부여 받은 것을 아셔야 합니다."

　미용교수로서 미용과 미용인에 대한 오랜 성찰이 이런 애정어린 조언을 할 수 있게 되었다고 기자는 생각합니다. 그리고 그 조언은 기자를 포함한 모든 미용인에게 살아 있는 지침이 될 것입니다.

　우리 미용계에는 많은 교수들이 계십니다. 미용계 교수들은 나름대로의 학문적 업적을 바탕으로 미용계 발전의 시금석이 된 것도 사실입니다. 그런 교수중 김정숙 교수는 아름다운 마음씨와 미용인을 사랑하는 마음으로 미용계 제자들의 양성에 힘썼습니다. 사람들을 밝게 만드는 미소는 지금도 여전합니다. 그런 힘이 지금 우리 미용계 곳곳에 뿌려져 우리 미용계가 더욱 밝아졌으면 하는 마음 간절합니다.

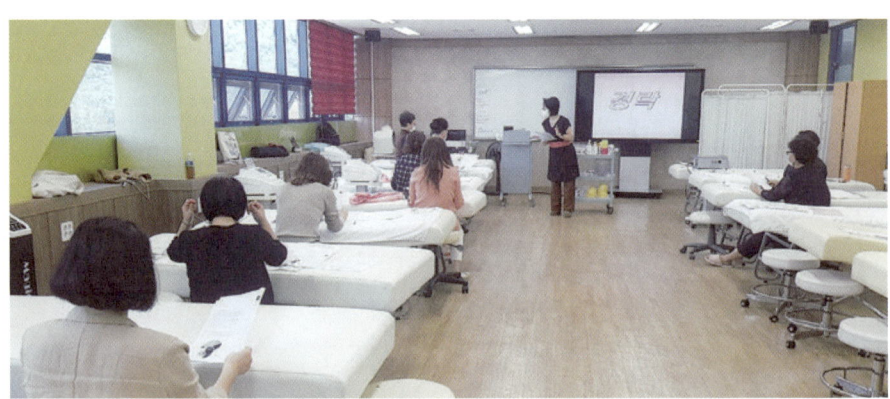

- 아모레퍼시픽 인력개발원 마케팅부 미용시책 담당
- 유원대학교 뷰티케어학과 부교수 정년 퇴임
- 서울벤처뷰티산업박사클럽(SBDC) 1기 회장
- 현) 유원대학교 평생교육원 교수
- 현) 한국뷰티산업학회 부회장

3장 지혜

한 집안의 대통령상 두 개
  - 김경란 회장 -

어머니, 큰어머니, 작은어머니
세 분이 모두 미용을 하셨지요
하지만,
미용은 힘든 직업
어머니와는 다른 미용을 위해
불철주야 공부했지요
세상은 노력하는 자를 버리지 않네
울산광역시 1호 미용예술학 박사
울산광역시 1호 명장 선정
울산광역시 1호 대한민국 산업현장 교수
여기에 더하여
대한미용사회 울산협의회장 및 동구지회장
CMC-CAT 세계미용예술연합회 한국회장
찬란하여라
대통령 표창까지 받았네
피는 속이지 못하는 법
두 딸도 어머니의 뒤를 이어 미용을 하고
대통령 훈장까지 받았네
3대가 함께하는 미용인의 삶
한 집안에 대통령상이 두 개
부러울 것이 없네
그러나 아직 끝나지 않았네
미용인의 권익향상 이미지 부각을 위해
오늘도 내일도 달려간다네

미용인의 권익 향상에 최선을 다하다

김 경 란

CMC-CAT (세계미용예술연합회 한국회장)

3대 미용인

　미용인의 사회적 위상이 높아지고 직업적으로도 평균 이상의 수익을 올리면서 미용인은 우리 사회에서 꽤 괜찮은 직업군으로 분류된 지 오래 됐습니다. 여러 가지 지표가 이를 방증하지만 우리 미용계에 2세 미용인이 많다는 것은 이것을 확실하게 증명하는 표식이 될 것입니다. 성공한 미용인 치고 한 두 자녀가 대를 이어 미용을 하지 않는 미용인 집안은 드뭅니다.

　앞의 시(詩)에서도 언급했듯이 김경란 회장은 미용인 집안 출신입니다. 어머니, 큰어머니, 작은어머니께서 미용을 하셨습니다. 어릴 적부터 어머니의 힘든 삶을 몸소 느끼면서 자랐습니다. 따라서 미용을 하지 않겠다고 다짐했지만 피는 속일 수가 없었나 봅니다. 결국은 미용을 택했고, 대신 어머니와 다른 미용 길을 걷고자 노력에 노력을 경주했습니다.

　노력은 배신을 하지 않습니다. 김경란 회장의 노력은 결실을 맺기 시작해 2014년에 울산광역시 1호 미용예술학 박사 학위를 받게 되었고, 2015년엔 전국 최연소 지역 명장에 당당히 이름을 올리게 되었습니다.

그리고 지난 2021년에는 울산광역시 1호 미용 산업현장교수로 선정되는 등 산업도시이자 공업도시인 울산에서 미용을 알리고 뿌리내리는 일에 역할을 톡톡히 하고 있습니다.

이뿐만이 아닙니다. 김경란 회장은 이러한 공을 인정받아 지난 2022년엔 대통령 표창까지 받는 경사를 맞습니다. 뒤에서도 다시 언급하겠지만 둘째 따님까지 대통령 훈장을 받았으니 한 집안에 대통령상을 2개나 보유한 미용 집안이 되었습니다. 개인적으로도 영광이지만 미용계로서도 자랑스러운 일이 아닐 수 없습니다.

김경란 회장을 생각하면 유명 텔레비전 MC 못지않은 재능을 가지고 있다는 점을 말하지 않을 수 없습니다. 우리 미용계에는 3대 유명 사회자가 있습니다. 신한대학교 김민정 교수, 청암대학교 이수희 교수 그리고 오늘의 주인공 김경란 회장 이렇게 세 분입니다. 이 세 분은 각자의 개성을 바탕으로 우리 미용계 행사에서 탁월한 실력을 자랑합니다. 세 분은 우리 미용계가 가지고 있는 또 다른 소중한 자산이라고 기자는 생각하고 있습니다.

몸이 모자랄 만큼의 역할

　김경란 회장은 한 자리에서 미용실을 25년째 운영하고 있습니다. 미용실 운영과 공부를 병행했습니다. 14년간 강의했던 영산대학교 강의를 뒤로하고 집 근처의 울산과학대학교 평생교육원에서 미용실 원장님을 대상으로 기술교육을 하던중 다시 영산대학교 초빙교수로 임용되어 25년부터 더 큰 책임감으로 가르침에 대한 열망이 대단하다는 것을 엿볼 수 있습니다.

　이뿐만이 아닙니다. (사)대한미용사회 울산협의회장 및 울산 동구지회장을 맡고 있으며, 울산광역시에서 선정한 울산광역시 명장님들의 모임인 울산광역시 명장회 회장을 2대 째 연임 중입니다. 울산에서 두 단체의 회장을 맡아 숙련기술인들의 지위향상을 위한 노력을 하고 있으며, 전국에서 기술교육이 필요한 후배들을 만나 특강을 하는 등 후학양성에도 적극적으로 노력하고 있습니다.

　더구나 CMC-CAT(세계미용예술연합회)의 회장 직까지 맡고 있으니 몸이 서너 개라도 모자랄 지경입니다.

　"CMC-CAT(세계미용예술연합회)는 88년의 역사를 가진 전 세계에서

가장 오래된 미용단체입니다. 한국회장을 맡아 이어가며 언어의 벽이나 거리의 어려움들이 있어 힘이 들긴 하지만 미용계의 산 증인들과 함께하는 단체라는 뿌듯함과 의미를 기억하며 단합된 모습으로 서로에게 시너지를 불어 넣을 수 있는 단체로 만들고자 노력하고 있습니다."

그 열정에 박수를 치지 않을 수 없습니다.

두 따님과 함께하는 행복

김경란 회장은 눈에 넣어도 아프지 않을 두 따님을 두고 있습니다. 두 따님은 엄마의 뒤를 이어 자랑스런 미용인으로 거듭나고 있습니다.

"저는 초등학교 6학년, 중학교 2학년때 미용기능사 자격증을 취득한 두 딸의 자녀를 두고 있습니다. 두 자녀는 대학생활 동안 전체 장학생을 유지하며, 큰 자녀는 미용고등학교 교사로 현재 재직 중에 있고 둘째 자녀는 2022년 국제기능올림픽 헤어디자인직종 국가대표로 세계대회 출전해서 핀란드 국제기능올림픽에서 은메달을 목에 걸고 돌아오는 감사하고 대견스러운 일을 해냈어요. 자식자랑은 밤을 새며 이야기해도 다 못할 것 같습니다.

자녀까지 3대째 미용을 천직으로 알고 살다 보니 가족 간에 대화가 많

아지고 서로에게 힘이 되는 일들이 생기다 보니 더 행복한 날을 보낼 수 있는 것 같습니다.

지금 정다운 국가대표는 한국산업인력공단 홍보대사로 선정되어 각종 방송 프로그램 출연과 세바시(세상을 바꾸는 시간 15분)에 출연해 미용인들의 이미지 쇄신 등 삶의 가치를 올리는 일에 즐거운 마음으로 최선을 다하고 있습니다.

이처럼 자녀가 같이 미용을 하며 26살의 나이에 국가대표, 미용기능장, 이용기능장, 살롱실무 능력까지 겸비한 자녀로 성장하고 있다 보니 아바타라고 해야 할까요? 힘든 일도 함께 나눌 수 있어 행복하고 이래서 가업을 이어가는 것이 중요하구나 하는 생각을 하게 됩니다."

그야말로 행복한 미용가족이 아니고 무엇이겠습니까. 미용인으로서 미용계 전체를 위해 즐거운 마음으로 일하고 있으며 지금은 자녀를 국가대표로 발굴한 후 24년도 전국기능경기대회 금메달, 은메달, 동메달, 우수상까지 석권하는 실적을 만들어 내었고 2026년 국제기능올림픽 국가대표도 배출해내게 되었습니다. 미용계의 보석이라고 여길만하다는 생각이 듭니다.

미용인의 권익향상을 위해 최선

이처럼 행복한 미용 생활을 영위 중인 김경란 회장은 미용에 대해 어떻게 생각하고 있을까 궁금해지지 않을 수 없습니다.

"저는 미용을 시작하며 명예로운 미용인이 되고 싶다는 생각을 많이 했기에 열심히 공부하며 후학양성을 위한 노력에 더 많은 열정을 쏟았던 것 같습니다. 그 와중에도 저는 미용인의 이미지 쇄신이라고 해야 할까요? 미용인들을 바라보는 사회의 시선을 더 올리고 싶다는 생각으로 미용인들이 하기 힘든 많은 다양한 활동을 해 왔습니다.

예를 들면 정치출마, 대출심사, 자격시험 심사, 학교 운영위원장, 민주평통자문위원회 울산여성위원장, 체육회 이사, 기능경기대회 지도교사, 회계멘토, 컨설턴트, 미용대회 MC 등이 다 이런 것과 관계가 깊습니다."

한 사람의 생각의 깊이에 따라 그 조직의 앞날이 좌우된다고 말할 수는 없겠지만 적어도 그런 사람들이 많아질수록 그 조직이 사회적으로 인정받고 성장할 가능성은 충분하다고 말할 수 있겠습니다.

그런 의미에서 우리 미용계가 김경란 회장에 거는 기대가 클 수밖에 없습니다. 김경란 회장의 다음과 같은 말씀은 기자에게 큰 울림으로 다가옵니다.

"현재의 삶에 너무 만족하며 감사합니다. 앞으로 계획이 무엇인가를 생각해보면 제자들, 후배들에게 선한 영향력을 전달해 줄 수 있는 역할이 무엇일까? 하는 고민들과 미용인들의 권익향상을 위한 노력을 해보고 싶다는 생각이 드네요.

언제나 미래는 현재의 노력에 의해 만들어지는 것이 아닐까 싶습니다. 그래서 현재에 만족하며 열심히 최선을 다해 살아가다 보면 미래의 삶 또한 미소가 가득한 일만 생길 거라는 생각이 듭니다."

자기 계발에 게으름을 피우지 않았고, 미용계의 한 사람으로서 미용인의 사회적 권익 신장 및 이미지 쇄신을 위해 불철주야 노력하고 있는 김경란 회장이 있기에 우리 미용인의 미래가 밝다는 생각을 하며 기자는 기쁜 마음을 감출 수 없습니다.

그러고 보니 김경란 회장은 우리 잡지에도 지난 2018년부터 매달 빠짐없이 연재를 하고 계시니 우리 뷰티라이프 가족이라고 해도 과언이 아니네요. 우리 모든 뷰티라이프 식구들 사랑합니다.

- 2022년 대통령 표창 「직업능력의 달」
- 2021년 대한민국 산업현장교수 선정 (울산1호)
- 2021년 백년가게 선정
- 2017년 대한민국 우수숙련기술자 선정
- 2015년 울산광역시 명장 선정 (울산1호)
- 2014년 미용예술학박사 (울산1호)
- 울산광역시 명장회 회장
- (사)한국미용장협회 중앙회 이사 역임
- (사)대한미용사회 울산협의회장 및 동구지회장
- CMC- CAT 세계미용예술연합회 한국회장
- 한국표준협회 회계멘토
- 방어진중학교 운영위원장 역임
- 국제기능올림픽 은메달 부지도위원
- 기능경기대회 지도교사
- 영산대학교 미용건강관리학과 초빙교수
- 영산대학교, 대학원 겸임교수 역임
- 울산과학대학교 평생교육원 강의
- 아모담 by 김경란 박사 대표
- 미용기능장, 이용기능장
- 지방기능경기대회 2년 연속 금메달
- 전국기능경기대회 우수상
- 한국산업인력공단 전문위원(출제 및 심사)

여신의 강림
- 송정빈 대표 -

어머니는
하느님의 또 다른 분신
어머니는 하느님을 대신해 자식들을 돌본다네

미용인은 아프로디테의 대리인
미의 여신을 대신해
사람들에게 아름다움을 선사하지

여기 헤어와 더불어
메이크업, 스킨, 두피관리, 제품 개발까지
미용인의 영역을 확장하고 있는
미의 여신이 있으니
그 자태
찬란하여라

미용인의 자부심을 높이고
헤어아티스트의 격을 숭상하고
이웃들에 봉사하니
그 모습
아름다워라

오늘도
미의 여신은
아름다움을 전파하려
새벽달까지 그리고 있나니
지상엔 미의 향기 만발

미용계의 팔방미인

송 정 빈
제이비뷰티코리아 대표

업권을 확장하는 미용인

미용계엔 미용 외적인 부문에서도 빛을 발하고 있는 헤어아티스트들이 많이 있습니다. 미용인이라면 미용실 경영이 우선이겠지만 경영, 기술 이외에도 미용계의 업권을 확장하는 이들을 볼 때 기자는 경이의 눈으로 쳐다볼 수밖에 없습니다. 여기에 더하여 내, 외적인 아름다움까지 동시에 가지고 있다면 금상첨화라고 할 수 있겠지요.

송정빈 대표는 앞서 열거한 그런 모든 면을 포괄하고 있는 미용인이라고 말할 수 있겠습니다. 미용계 행사를 많이 다니다보면 특출 난 외모나 특출 난 행동을 하는 사람들을 종종 보게 됩니다. 그런 사람들의 거개는 보통 속빈 강정에 다름없을 때가 많습니다. 특히 오버하는 행동을 하는 사람들은 더욱 그렇습니다. 그러나 송정빈 대표는 예외였습니다.

오래 전에, 송정빈 대표를 미용계 행사에서 몇 번 보았던 기억이 있습니다. 아름다운 외모에 비해 말이 별로 없었고 나서기를 좋아하지 않는 눈치였습니다. 행사장에서 조용히 자기 일만 하는 듯해 보여서 괜찮은 미용인이라고만 생각하고 있었습니다.

　기자는 우리 잡지의 표지 연출에 신경을 많이 씁니다. 한 달에 한 번만 할뿐 아니라 연예계와 미용계를 잇는 중개자 역할을 한다는 사명감을 가지고 있기 때문입니다. 그래서 실력 있는 많은 미용인들이 표지 연출하기를 희망하고 가교역할을 하는데 열심입니다.

　2019년 말이었던 것으로 기억합니다. 미용계 몇 분과 미용계 대해서 이야기하던 중 우리 잡지 표지 연출에 대해 말하는 기회가 있었고, 그 중 한 분이 송정빈 대표를 적극적로 추천했습니다. 미용 실력과 미모, 인간성 모든 부분에서 누구에게도 뒤지지 않는다는 설명이 뒤따랐습니다. 기자는 열심히 메모했습니다. 그리고 송정빈 대표는 2020년 4월호 뷰티라이프 표지를 연출하였습니다. 표지 촬영 후 우리는 거하게 뒤풀이를 했고 인연은 깊어졌습니다.

　송정빈 대표가 두 번째 표지 연출을 한 때는 지난 23년 1월호, 신년호였습니다. 기자의 미용 일기장과 개인 SNS에는 이렇게 적혀 있습니다.

　"1월 신년호 표지는 이은주 양. 헤어는 송파에서 바르데헤어살롱을 운영하고 있는 송정빈 대표가 맡았다. 송정빈 대표는 박사학위 소지자로 뛰어난 미모와 실력을 겸비한 미용계의 재원이다. 이번에 두피 관련 신

제품도 개발, 신선한 바람을 일으키고 있다. 박수를 보낸다. 바르데헤어 흥하라!"

이 글을 쓰기 위해서 지나간 미용 일기장을 뒤적이니 그때의 감회가 새롭게 다가옵니다. 표지 촬영 후 3차까지 이어진 뒤풀이에서 송정빈 대표의 인간다움도 진하는 느낄 수 있었습니다.

irb 탈모논문으로 박사학위 취득

송정빈 대표는 국내 최초로 인체 실험을 통한 irb 탈모논문으로 2017년에 박사학위를 받았고 탈모 특허를 12개나 가지고 있습니다. 제품 개발에도 뛰어난 실력을 보이고 있는데, '그레이스송 너리싱 샴푸', '그레이스송 너리싱 엣센스', '그레이스송 너리싱 앰플' 3가지 구성과 '그레이스송 너리싱 샴푸', '그레이스송 너리싱 엣센스' 2가지 구성이 있습니다. 이 중 '그레이스송 너리싱 3종 샴푸 세트'는 두피와 모발에 있는 미생물과 땀 그리고 두발용 화학제품의 잔유물인 두피 질환 및 탈모 등에 뛰어난

효과가 있다고 합니다. 4계절 기후가 확실한 우리나라에서 자란 토종 식물을 주원료로 하여서 특효력을 발휘합니다. '그레이스송 샴푸'는 송정빈 대표의 박사 이력과 20년 실무 경력의 결정체라는 설명입니다. 그래서 업계에서 신뢰감이 높습니다.

'강남사모님 커트대통령'

이뿐만이 아닙니다. 송정빈 대표는 헤어디자이너로서도 인정받아 '강남사모님 커트대통령'이라는 애칭까지 얻고 있습니다. 이 때문에 커트로 '원장을 가르치는 원장'으로 헤어와 두피문신, 반영구문신, 웨딩 메이크업에 이르기까지 고객들을 아름답게 하는 모든 영역을 개척하고 있습니다. 최근에는 정화예술대학교와의 산업협력으로 국가 산업 발전에 필요한 전문 기술 인력의 교육과 훈련을 강화하고 기술개발과 정보교환 및 상호 발전을 위해 상호 협력하고 있습니다.

언젠가 송정빈 대표께 미용 철학이나 좌우명이 있느냐고 물은 적이 있

습니다.

 "고린도전서 13장 1~12절 말씀 '사랑'을 제 경영 철학으로 삼고 있습니다. 좌우명은 우공이산(愚公移山), 반복의 힘입니다.

 노력과 반복되는 연습은 중요합니다. 목표 백 가지를 세 번씩 하는 것보다, 세 가지 핵심 과제를 백 번 실행하려고 노력합니다. 그 좌우명을 기준으로 미용학 지도자, 경영학 박사 학위, 미용 관련 특허 다수 보유, 세계 특허 PCT 146개국 출원, 미국 특허 출원, 인체 실험 의학 부문 IRB획득에 이어 고객 분들의 탈모 케어 고민을 해결할 너리싱 샴푸, 헤어에센스, 두피앰플 이렇게 두피 3종 세트에 이어 2종 세트까지 개발하여 시제품 판매까지 이뤄냈습니다. 지금 생각해도 뿌듯하지 않을 수 없습니다."

체험을 통한 조언은 살과 뼈가 된다

 그렇습니다. 송정빈 대표는 현재에 안주하지 않습니다. 끊임없는 도전 정신, 이것이 오늘의 송정빈 대표를 만들지 않았겠느냐고 기자는 생각합니다. 후배들에 대한 조언도 잊지 않습니다. 송정빈 대표의 체험을 통한 조언은 살이 되고 뼈가 될 수 있습니다.

"뷰티 업계의 선진화만큼 후배 미용인들 또한 아름다운 일을 진정으로 사랑한다면 먼저 스스로를 아름다워지도록 가꾸고, 바로 곁의 동료들을 아끼고, 그 마음 그대로 고객을 사랑하고 아껴야 합니다.

제가 생각하는 진정한 아름다움이란 '나다울 때 가장 아름답다.'라고 생각합니다. 그 부분을 찾아 드리고 멋있게 연출해 드리는 예술가, 헤어 아티스트의 길은 너무 기쁘고 행복합니다.

이 세상 최고로 멋있고 예쁘게 연출해 드리겠다는 마음으로 고객을 시술하셔야 좋은 결과로 나타나고 그렇게 함으로써 고객 분들께 인정받고 성장하는 나를 발견할 것입니다."

송정빈 대표는 미용을 하면서 즐거웠던 일에 대해서 다음과 같이 말합니다.

"헤어살롱은 가르치는 교육기관이라 생각합니다. 구성원들을 교육하고 가르치는 과정을 통해서 고객은 본인의 취향에 맞는 스타일을 얻을 수 있고 구성원들은 리더로 성장합니다. 이러한 과정을 통해서 느끼는 보람이 제가 미용을 하는 이유가 되고 큰 즐거움입니다.

또 지역 복지센터에서 재능기부 봉사 활동으로 할아버지, 할머니들 머리를 해드리는데, 어르신들이 행복해하는 모습들을 보면서 보람을 느낍니다. 저는 미용을 통해 세상의 작은 빛이 되고자 합니다."

뛰어난 미모와 미용에 대한 확고한 자부심 여기에 더하여 배움에 대한 열정, 제품 개발과 수출 등 미용인의 영역 확장에 기여하고 있는 송정빈 대표는 우리 미용계의 자랑이라고 하지 않을 수 없습니다.

- 미스코리아 심사위원
- 미스인터콘터넨탈 코리아 심사위원
- 코리아브랜드어워즈모델 심사위원
- 국제 전통의상콘테스트 심사위원
- 대한민국 대표모델선발 콘테스트 심사위원
- NTV 슈퍼서바이벌 심사위원
- 베스트 k 브랜드 대상
- 한국을 빛낸 대상(친환경 헤어케어 부문)
- 대한민국 미 브랜드 대상(바이오 헤어 샴푸 부문)
- 친환경 대상(뷰티 바이오화장품)
- 미용 특허 12개
- 세계평화공헌대상
- IRB 인체 실험 박사
- 한국미용대학교수협의회 지도교수
- 뷰티예술문화연구소 책임연구원
- 2024년 세계 100인의 뷰티명장인
- 2025년 한국을 빛낸 자랑스러운 한국인 대상-뷰티 명인 부문
- 현) 제이비뷰티코리아 대표

미용의 참 교육자
- 김진숙 교수 -

미용 시작 후
강산이 세 번 넘게 변했네
생각하면
흐뭇했던 일
즐거웠던 일
마음 아팠던 일
어찌 없었으리오

내 할 일은
제자들의 성장을 돕는 일
제자들이 삶의 질 추구와
자기 성취를 이룰 때
나는 예술가가 된다네

가위 대신
분필로써
사람을 새롭게 탄생시킨다네

이제 감사한 마음으로
미용인의 뒤를 돌봐주며
그들의 앞길을 밝혀야겠네
하나의 등불이 되어야겠네
어와둥둥
미용의 숲 이뤄야겠네

미용 교육자로서의 삶을 개척하다

김 진 숙

전) 서울벤처대학원대학교 교수

미소만으로도 반가운 사람

서울벤처대학원대학교 김진숙 교수는 미용계의 신사라고 기자는 말하고 싶습니다. 만날 수 있는 기회가 서울벤처대학원대학교의 행사, 예컨대 신년회라든지 학술발표회, 졸업식, 입학식 등 1년에 많지 않은 횟수지만 만날 때마다 호들갑스럽지 않게, 그러나 예의 그 반가운 마음을 전하는 데 인색하지 않습니다. 기자도 그런 김진숙 교수의 품성을 잘 알고 있어서 멀지 않은 발치에서 보내는 미소만으로 반갑기 그지없습니다.

그렇게 마음속으로만 가깝게 지낸다고 염두에 두고 있었던 김진숙 교수지만 가만 생각해보니 개인적으로 만나서 웃고 떠든(?) 기억이 거의 없습니다. 작년 11월, 김진숙 교수가 한국뷰티산업학회에서 주최하는 〈뷰티산업교육대상〉의 수상자로 정해졌을 때, 기쁜 마음으로 인터뷰를 했던 기억이 새롭습니다. 〈뷰티산업대상〉은 '뷰티산업교육대상'과 "뷰티산업경영대상' 등 두 부문으로 나뉘어 매년 시상하는데, 심사의 공정성과 투명성에서 높은 점수를 받고 있습니다. 2024년 수상자로 김진숙 교수가 교육대상을 받았고, 기자는 시상 후 김진숙 교수의 인터뷰를 했던 것입니다.

2024년 〈뷰티산업교육대상〉 수상

수상 후 인터뷰했던 기록을 찾아보니 김진숙 교수는 다음과 같이 수상 소감을 전했습니다.

"지금까지의 어떤 상보다 이번 뷰티산업교육대상은 제게 특별히 의미 있는 상이었습니다. 교육이라는 참 어렵고 두려운 일을 시작한지 27년이 되었습니다. 그중의 반을 서울벤처대학원대학교에서 보냈습니다. 수상을 하게 된 성과는 저의 힘이 아니고 저의 스승님의 지도 결과물이라고 생각합니다. 항상 교학상장(敎學相長)의 뜻에서 학생들을 위해 참 교육이 무엇인지를 알게 해주셨기 때문입니다.

이번 한국뷰티산업학회에서 수여하는 뷰티산업교육대상은 공적심사

를 통해 이루어지는 상으로 저 자신에게는 지금까지의 저를 평가받는 척도였고, 제자들에게는 '교수로서의 역할과 소명을 다하였는가.'라는 나름대로의 평가이기도 하였습니다. 또한 함께 동문수학한 동기와 서울벤처대학원대학교 석·박사 선생님들께도 감사의 말씀을 드리고 싶습니다."

김진숙 교수는 패션 디자인과 헤어 디자인 분야에 관심을 가지다가 헤어 디자인에 좀 더 매력을 느끼고 미적 감각을 적용하여 손쉽게 외형을 변화시킬 수 있다는 점 때문에 미용을 택하게 되었습니다. 또한 헤어디자이너로서 활동하게 되면 학문적으로 미용교육을 전문 직업인으로 하거나, 해외진출 기회를 가질 수 있다는 생각이 간접적으로 작용했습니다. 하마터면 훌륭한 인재를 패션쪽으로 뺏길 뻔했습니다.

김진숙 교수는 천상 교수입니다. 제자들에 대한 애정이 식을 줄을 모릅니다. 뿐만 아니라 지도교수에 대한 감사한 마음도 잊지 않습니다. 애정과 존경은 그냥 생기지 않습니다. 마음 깊은 곳에서 우러나올 때 진심이

됩니다.

"미용학계에 재직하고 있으면서 흐뭇했던 일들은 당연히 제자들이 성장해가는 모습을 보는 것입니다. 석·박사 논문을 완성하고 학위를 받고 뿌듯해하는 제자의 모습에서 저도 성취감과 희열을 함께 느낍니다.

저 또한 연구자로서, 미용인으로서, 교수로서 한국연구재단 중견연구사업선정과 신진연구사업선정은 매우 기쁜 일이었습니다. 저의 지도교수님께서 '허허' 웃으시면서 "교수 안됐으면 어쩔 뻔 했어요?" 하시던 말씀에 정말 행복했습니다. 지도교수님께 인정받은 느낌이었지요. 서울벤처대학원대학교 융합산업학과 미용전공자로서 한걸음 더 나아가는 성장이었으므로 매우 의미있는 일이었습니다. 지도교수님께 감사한 마음입니다."

천상 미용교수

김진숙 교수는 정년을 앞두고 그동안 미용인으로서, 교육자로서의 역할을 잘 수행해 왔는지 스스로 자신을 평가하고 지나온 길을 되새기고 살고 있습니다. 오랜 기간 많은 학생들과 함께 했지만 개개인의 학생들이 자기에 대한 평가를 어떻게 하고 있는지 조심스럽게 지켜보며 앞으로 남은 기간 겸허한 자세로 마무리 하려고 노력하고 있습니다. 남은 기간 동안 학생들에게 좀 더 가까이 다가가서 마음을 열어 놓는 진지한 인생 동행자로서 그들의 기억속에 오래 남을 수 있는 참 교육자로서의 시간을 보내고 싶다는 것입니다.

자기 일에 최선을 다했던 교수였으면서도 자만하지 않고 이렇게 스스로를 살펴볼 수 있다는 것은 김진숙 교수의 품성을 이해할 수 있는 바탕이 된다고 기자는 생각합니다.

미용교수로서 우리의 선진미용을 위한 제언과 미용인들에 대한 말씀도 잊지 않습니다.

"미용산업에는 미용예술이 포함되어야 하고, 한국의 미용예술에는 전통적인 우리의 미용문화가 깃들여 있어야 합니다. 조선시대 이전까지 우리의 고유한 미용문화는 세계 각국과 비교하여 보아도 탁월했다고 판단됩니다. 고대로부터 전해 내려오는 미용 디자인과 미용 기술, 미용 용품 등 고유한 우리 미용 문화를 개발하고 발전시켜 'K-미용' 브랜드를 창출하여 해외에 전파 보급하여 글로벌 시장에서 'K-미용' 특유의 인지도를 향상시키고 발전시켜 나갈 필요가 절실합니다.

미용인들의 사회적 경제적 지위는 미용인 스스로 지키고 개척해야 합니다. 우리가 살아가는 사회에서 법률가는 법률 서비스를 제공하고, 의사는 의료 서비스를 제공하며, 미용인은 미용 서비스를 제공합니다. 각각 사회에 제공하는 서비스의 형태가 다르고 개별적이고 구체화된 기능에는 차이가 있지만 인간의 정신적 육체적 효용에 기여하는 역할에는 차이가 없습니다. 그러므로 미용인 스스로 자신이 가진 직업에 대해 긍지를 가져야합니다. 그래서 저는 미용인이 주 업무인 미용 행위에 대한 사회적 평가를 향상시키고자 미용시술 용어의 당위성을 국내 최초로 피력하였습니다."

우리 삶의 풍요로워짐에 기여

그렇습니다. 김진숙 교수의 이러한 노력으로 이제는 미용학계와 법원의 판례에서도 미용시술 용어를 보편적 개념으로 인용하고 있으며, 미용인 스스로도 특정한 자격과 기술을 지닌 전문인으로서의 자긍심을 가지는 계기가 되었습니다.

  이제 마음을 비워 자기를 지키고 싶다는 김진숙 교수, 이것을 진정한 어른이 되어가는 과정이라고 여기는 김진숙 교수, 그동안 쌓아올린 미용 지식을 바탕으로 미용업계에 필요한 사람이 되고 싶다는 김진숙 교수, 감사한 마음을 실천하며 살고 싶다는 김진숙 교수가 우리 미용계에 있기에 우리의 삶도 풍성해지리라는 생각을 기자는 해봅니다.

- 미스코리아 심사위원
- 전) 서울벤처대학원대학교 융합산업학과 교수
- 한국뷰티산업학회 부회장
- 서울벤처뷰티산업 박사클럽(SBDC) 1기 회장
- 한국인체미용예술학회 학술위원장
- 한국미용학회 이사
- 한국연구재단 중견연구사업선정
- 한국연구재단 신진연구사업선정
- 제15회 대한민국 자치대상 교육부문 대상수상

주어진 길, 최선을 다하여
- 허정애 회장 -

미용 현장에서 머리를 가꾸다가
배움에 대한 갈증으로 공부를 더했고
이젠 대학에서 미용을 가르치죠

미용은 천직의 길
힘이 나는 일
웃음 이상으로 나를 인도하는 힘 그 무엇
더불어
증모 가발 붙임머리 두피
할 일이 태산이네

그러나 모든 일은
나를 위한 것
우리를 위한 일
웃음으로 다 이겨내네
그리하여 주위 환해지네

시 낭송에
시인의 길까지
주어진 길
최선을 다하네
미용인으로
예술가로
우뚝 서려 하네

소중한 만남은 꼭 이루어지는 법

허 정 애

대한증모가모협회 회장

소중한 만남은 꼭 이루어지는 법

만나진 않았지만 늘 곁에 있는 것 같은 생각이 드는 사람이 있습니다. 그런 사람은 언젠간 꼭 만나게 되고, 그 만남은 오랜 인연으로 이어지는 경우가 많습니다. 오늘 이야기하고자 하는 허정애 교수가 그런 사람입니다. 허정애 교수는 요즘 대한증모가모협회 회장으로 분주히 활동하고 있지만, 기자가 알기 시작할 때는 미용교수로서 미용계에서 활동하고 있을 때였습니다. 그때 주위의 몇 미용인으로부터 허정애 교수에 대한 이야기를 들었고, SNS를 통해서도 가끔 소식을 접하곤 했습니다.

기자는 괜찮은 미용인을 만나면 우리 잡지 표지연출하기를 제안합니다. 우리 잡지에서 가장 큰 꼭지일 뿐만 아니라 실력과 인간성 등등 하루만에 그 사람에 대해 많은 것을 느낄 수 있기 때문입니다. 기자가 애정을 기울여 연재 중인 '미용인보'도 표지연출을 두어 번 먼저 한 미용인중에서 하는게 불문율처럼 되었습니다.

어쨌든 주위 몇 미용인의 추천이 있었지만, 소극적인 성격의 기자는 쉽게 허정애 교수에게 연락치 못하고 있었습니다. 그러던 중 2021년 말쯤

연락할 기회가 있었고, 허정애 교수는 지난 22년 2월호의 뷰티라이프 표지연출을 하였습니다.

그날 가까이에서 처음 대면했지만 오랜 세월을 같이한 사람처럼 스스럼없이 대할 수 있었고, 미용에 대한 지식이나 애정을 확인할 수 있어서 기자는 여간 반갑지 않을 수 없었습니다. 여기에 더하여 미모도 빼어났습니다. 표지 촬영 후 우리는 뒤풀이에서 금세 친해질 수 있었습니다. 2, 3차로 이어진 뒤풀이에서 그 달 표지의 주인공이었던 탤런트까지 마음이 합세하여 우리는 그 후에도 몇 번 같이 만나곤 했습니다. 좋은 사람들과의 관계는 사회와 삶을 아름답게 하는 힘을 가지고 있다고 기자는 생각합니다.

대한증모가모협회장이 되어 표지 연출

이런 인연으로 우리는 자주 통화할 수 있었고 허정애 교수는 올 5월호의 뷰티라이프 표지 연출을 다시 한 번 했습니다.

".... 헤어와 연출은 대한증모가모협회 회장과 미용교수로 대단한 활약

을 펼치고 있는 허정애 회장이 맡아 다양한 가발로 변신을 시도했다. 허정애 회장은 시인 등단을 했으며 시낭송가로서도 역량을 인정받고 있다. 우리 미용계의 재원이다."

기자의 개인 SNS에는 그때의 소회를 이렇게 적어 놓고 있습니다. 허정애 교수는 그간의 미용교수를 넘어 대한증모가모협회의 회장 직을 맡아 증모, 붙임머리, 가발, 두피 등 미용계의 영역 확장을 위해 동분서주하고 있었던 것입니다. 더불어 취업, 창업을 위한 프로그램 진행까지 바쁘게 살고 있었습니다.

자기 삶을 개척하며 사는 사람들은 존경을 받기에 충분합니다. 허정애 회장은 여기에 더하여 주변 사람들을 기분 좋게 하는 마력을 가지고 있습니다. 웃음을 잃지 않는 모습은 더욱 신뢰와 믿음을 줍니다.

"아름다움을 추구하는 건 누구나 지니는 욕구잖아요? 사랑스런 외모를 위해 시간을 투자하고 노력을 하는 많은 이들이 있을 겁니다. 저도 늘 꾸미는 걸 좋아했던 터라 어릴 적부터 머리 만지는 걸 참 좋아했어요. 이쁘게 손질하면 기분이 좋아지고 주위 분들이 예쁘다는 소리를 하면 또 한 번 행복했던 것 같아요. 좋아하는 일을 따라가다 보니 우연히 미용의 길을 걷게 되었고 변함없이 행복추구권을 행사하며 살고 있답니다. 현장에서 디자이너로 활동하다가 교육쪽으로 관심을 갖게 되어 학위취득과 동시에 대학 강의를 시작, 현재 미용학과에서 헤어 전공수업을 하고 있어요. 탈모 관련한 산업을 육성하고 있는 대한증모가모협회를 운영하며 증모, 붙임머리, 가발, 두피 등 자격증 관련 교육과 더불어 취업, 창업을 위한 프로그램을 진행하고 있답니다."

일에 대한 열정은 국보급

허정애 회장은 자신의 삶을 허투루 쓰지 않습니다. 번개팅을 좋아하는 기자는 가끔 허정애 회장한테 번개팅을 제안하지만 대부분이 지방에서 강의 중이거나 세미나 중인 경우가 허다합니다. 그럴 때마다 '좀 쉬시면서 하라.'고 투정하지만 허정애 회장의 일에 대한 열정을 잘 알기에 기자는 허정애 회장이 건강을 해치지 않으면서 일하기를 바랄 뿐입니다.

"요즘 미용과 관련한 교육도 꾸준히 하지만 외부 세미나를 통해 새로운 정보를 얻거나 대회에 참여도 하고 자격증 심사를 다니면서 바쁜 날들을 보내고 있어요. 코로나 시절, 남는 시간을 투자해 오래 전부터 하고 싶었던 시낭송에 대해 공부를 했어요. 하다 보니 대회에 나가서 상도 받게 되었고 시낭송가 타이틀도 얻게 되었어요. 좋은 시를 외우고 낭송을 하다 보니 어느샌가 내 입맛에 맞는 시를 직접 쓰고 싶다는 생각을 문득 하게 됐어요. 전부터 노트에 끄적이던 습관이 있던지라 여러 편 써놓은 시가 있긴 했구요. 우연한 기회에 지인을 통해 대산문학이라고 하는 출판사를 알게 되었고 등단에 대한 정보를 듣게 됐지요. 결국 시부문으로 신인문학상을 수상하면서 시인으로 등단도 했구요. 시인이라는 타이틀이 아직은 어색하고 부끄럽지만 먼 훗날 버킷리스트 중 하나인 시집 출판을 꿈꾸며 한 편 두 편 노트에 차곡차곡 담아가고 있답니다."

시인과 시낭송가로도 왕성한 활동

허정애 회장은 시낭송가로, 시인으로서도 요즘 바쁘게 지내고 있습니다. 평소 예술에 대한 감성이 풍부했던 소질을 바탕으로 시인으로까지 등단한 것입니다. 시낭송가로서의 많은 활동이 허정애 회장의 능력을 보

여주고도 남습니다. 기자에게는 기자의 시를 낭송하여 보내주기도 했는데, 기자는 그 낭송시를 요긴하게 잘 활용하고 있습니다. 좋은 벗을 곁에 두면 평생이 행복한 법입니다.

"'어떤 일이든 좋아하는 일을 해라.'라고 미용인들께 말해주고 싶어요. 진정으로 가슴 뛰는 일을 하다 보면 열정을 쏟아낼 수 있고 그 안에서 행복을 얻을 수 있죠. 미용이 정말 좋다면 모든 걸 다 부어도 아깝지 않겠죠? 외모에 대한 자신감을 찾게 해주고 삶의 질을 향상 시켜주는 뷰티라이프의 여정이 얼마나 소중한지를 스스로 느끼고 자부심을 가졌으면 좋겠어요. 무엇보다 건강 챙겨가며 일하는 것만큼 중요한 게 또 있을까요? 심신의 안녕을 위해 투자를 아끼지 않았으면 좋겠어요. 미용인 여러분, 오래도록 좋아하는 일 하면서 행복하게 살자구요."

허정애 회장은 동료로서 미용인들께 이런 당부의 말씀도 잊지 않습니다. 진정한 미용인으로서 미용인에 대한 애정을 느낄 수 있는 대목입니다. 허정애 회장은 미용교수로서, 미용계의 한 장(長)으로서 미용계의 영역 확장을 위해 노력하고 있음을 우리는 잘 알고 있습니다. 더구나 그 노력이 주위 사람들에게 기분을 좋게 하며 즐거움을 전파하고 있으니 더더욱 칭찬받아 마땅한 일입니다.

앞으로 가발 판매에 적극적으로 집중해 한국의 가발 산업을 부흥하겠다는 허정애 회장, 나 자신을 가꾸고 많은 이들에게 행복을 전하는 미용인이 되어 감사한 삶을 영위하며 살고 싶다는 허정애 회장, 미용인 모두가 행복한 삶이기를 바란다는 허정애 회장을 우리 시대의 진정한 미용인이라고 누가 말하지 않겠는가!

비 오는 우(雨)요일, 허정애 회장과 소나무가 보이는 창 넓은 카페에서 미용에 대해, 시에 대해, 삶에 대해 능청부려 보고 싶은 그런 날입니다.

- 원광대학교 자연과학대학원 뷰티디자인학전공 미용학박사
- 한성대학교 예술대학원 헤어디자인전공 예술학석사
- 삼육보건대학교 뷰티융합과 겸임교수
- 대한증모가모협회 회장
- 한우리헤어 대표
- (사)대한민국이용장회 이사
- 한국산업인력공단 이용사(이용장) 실기 감독위원
- KMBA 전국헤어기능경기대회 심사위원
- 전) (사)대한민국이용장회 서울시지회장
- 미용분야 특성화고 현장교육 훈련 표준모델 개발사업 검토위원
- NCS이용 학습모듈(증모술,두피관리) 집필진 참여
- BNB 매거진 K-가발산업 컬럼 기재 (2024. 2월~)
- 미용사/이용사/이용기능장
- 직업능력개발훈련교사 이 / 미용
- 위그디자인마스터 가발 / 붙임머리/증모술 인증강사
- 업스타일 인증강사
- 시인 (대산문학 등단, 2023년 신인문학상 수상), 시낭송가
- 공인중개사 / 부동산경매전문가
- 현) 젠틀핏(GENTLEFIT) 대표

교육자로서의 소임을 다하다
- 하지송 주임교수 -

누구나 큰소리로
말하긴 쉽지
그러나 소리나지 않게
제 할 일을 하면서
남을 교육하는 건 쉽지 않지

남들에게
사탕발림으로 칭찬하는 건 쉽지
그러나 따끔한 충고
마음으로부터 나오는 격려는
쉽지 않지

오로지
미용계의 교육자로서
앞서 공부하고
앞서 노력하고
앞서 실천하여
미용인의 귀감이 되는 사람
마포의 한 연구실에서
뜬 눈으로 세상을 내다보는 사람

따르는 이 많아지니
미용계의 경사로세

미용교수로, 미용강사로 에너지를 쏟다

하 지 송

이화여대 글로벌 미래 평생교육원 K-뷰티프로페셔널 CEO 코스 주임교수

무리를 지으며 살아가는 인간

우리 인간은 많은 사람들과의 교류 속에서 살아가고 있습니다. 좋든 싫든 관계를 맺으면서 사회를 형성하고 그 사회의 한 일원으로서 자아를 형성하고 자신을 완성시켜 갑니다. 그런 과정에서 '군중 속의 고독'이니 '아웃 사우더'니 라는 말도 나오고 있습니다. 이는 인간이 혼자는 살 수 없다는 역설에 다름 아닙니다.

살다보면 어쩌면 자기와 성향이 비슷한 데도 그 사실을 간과하며 살았다거나, 그 사실을 알고 놀라워했을 때가 종종 있을 것입니다. 그만큼 우리 사회는 단순한 것 같으면서도 복잡하고 복잡한 것 같으면서도 단순명료할 때가 많습니다. 그래서 계산하지 말며 살라는 격언이 생겼는지 모르겠습니다.

이야기가 많이 빗나갔습니다. 오늘 얘기하고자 하는 하지송 교수가 기자에게는 그런 사람이었습니다. 많이 아는 것 같으면서도 자세히 알 수 없고, 그렇다고 모른다고는 할 수 없는 친한 사이(?)가 하지송 교수와 기자와의 관계가 아닌가 하는 생각을 뜬금없이 해봅니다.

하지송 교수는 우리 미용계의 재원입니다. 미용교사 면허, 훈련면허 강사, 교육학 박사에다 한때는 프랜차이즈 미용실을 경영했었고 미용재교육센터도 운영했던 대표적인 미용강사입니다. 지금은 이화여대 글로벌미래 평생교육원 K뷰티프로페셔널 최고지도자 과정의 주임교수를 맡고 있습니다. 75년도 미용사면허를 가지고 있으니 올해가 미용을 시작한 지 50주년이 되는 해입니다.

미용 시작한 지 50년

미용 시작 후 미용강사의 길을 꾸준하게 이어오고 있으니 스승의 정신이 하지송 교수를 지배하는 요소가 아닐까 생각합니다.

1990년대 후반 이후 2010년대까지만 해도 우리 미용계는 소위 최고지도자라는 강좌가 붐을 이루고 있었습니다. 이미 그전부터 경원대, 국민대에 그런 과정이 있었지만 여러 가지 이유로 크게 성장하지는 못했습니다. 이후 숙명여대와 이화여대에 미용최고경영자(지도자) 과정이 생기면서 미용계에서 선풍적인 인기를 끌었습니다.

　이 시기에 기자는 평생교육원 내의 최고지도자(경영자) 과정에 관심이 많았습니다. 미용인들을 변화시키기 위해서는 교육의 힘이 절대적이며 그런 의미에서 두 학교의 역할이 막대하다고 믿었기 때문입니다.

　기자는 관심을 가지고 두 학교의 최고지도자 과정을 유심히 지켜보았고 학교 관계자들과 친하게 지낼 수 있었습니다. 그 당시에는 6개월이나 1년의 과정을 마치면 졸업작품전을 열었는데 그 열기는 기대 이상의 것이었습니다.

　당시 이화여대 미용아트 최고지도자 과정에는 우리 '뷰티라이프사랑모임' 미용인들이 많이 등록해 공부하고 있었습니다. 기자도 이 대학의 입학식이나 졸업작품전 이후 뒤풀이에 자주 초청 받았는데, 나중에는 이화여대 미용아트 최고지도자 과정의 명예 7기임을 농담삼아 말하기도 했고 또 그렇게 대우받기도 했습니다.

제7회 서울시 K뷰티 미용예술경연대회
2023. 10. 24

  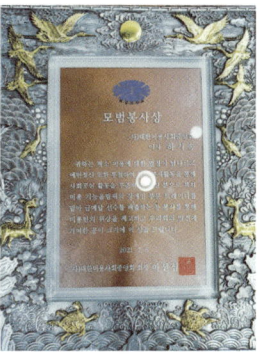

다정함과 따뜻함

하지송 교수는 그때 만났습니다. 미인이며 실력자였던 하지송 교수는 말이 없는 편이었습니다. 처음에는 너무 차갑게 느껴지기까지 했습니다. 그러나 하지송 교수를 잘 아는 이대 미용인들은 하지송 교수 칭찬하기에 바빴습니다. 정이 많으며 마음이 무척 따뜻하다고 대부분의 미용인이 그렇게 말했습니다.

1999년 겨울이었던 것으로 기억합니다. 졸업작품전을 마치고 뒤풀이를 겸해서 하지송 교수 포함 이대 팀들과 나이트에 갔었습니다. 젊음과 패기, 열정이 대단했던 시기였습니다. 그때 처음으로 하지송 교수와 진지한 대화를 나눴고, 왜 미용인들이 하지송 교수를 칭찬하는지 알 수 있었습니다.

미용에 대한 열정이 대단했습니다. 또한 미용기술에 대한 자부심과 앞으로의 미용에 대한 포부 등을 듣고 하지송 교수야말로 진정한 미용 지도자라는 생각이 들었습니다. 그 후로도 하지송 교수는 이대를 지켰으며

이제는 최고지도자 과정이 없어지고 이대 글로벌 미래 평생교육원 K-뷰티프로페셔널 CEO 코스 주임교수를 맡고 있으니 영원한 이대 미용인의 스승이라고 말할 수 있겠습니다.

미용계의 살아있는 스승

하지송 교수는 하는 일도 많습니다. 대한미용사회중앙회 기술강사를 비롯하여 IKBF 심사위원, 서울시장배 심사위원은 물론이고 각종 대회에서 심사를 맡아오고 있습니다. 이뿐만이 아니라 여러 대회에서 가르침을 받은 제자들이 수상을 하고 있습니다. 주경야독으로 공부도 게을리하지 않아 석, 박사학위를 취득하기도 했습니다. 매년 살롱 컷, 미디엄, 롱 컷, 살롱 업스타일 등의 트렌드 발표로 미용인들의 기술 향상에 이바지하고 있음은 물론입니다. 재작년 IKBF에서는 '할머니 헤어쇼'를 연출해 큰 웃음을 주기도 했습니다. 중앙회 기술교육위원회가 진행한 헤어쇼였는데 운영위원들의 연세가 만만치 않아서 할머니 헤어쇼라고 이름 붙여졌고 지금까지 미용계에 회자되며 웃음을 주고 있습니다. 하지송 교수는 매년 트렌드 발표도 계획하고 있습니다.

  노력과 열정이 없으면 쉽지 않은 일입니다. 이처럼 자기 계발과 후진 양성에 힘쓰고 있는 하지송 교수는 미용계의 살아있는 스승이라고 칭하지 않을 수 없습니다. 앞으로의 하지송 교수의 행보에 기대를 크게 거는 이유입니다.

- 미용기능장
- 웨스트민스터 대학원 박사
- 가천대학원 뷰티예술경영학 석사
- 경희대 경영학과 졸업
- ISC 컷트부분 토탈그랑프리
- CACF 업스타일 금상 수상
- IBS 컨슈머, 메이크업 은상 수상
- 뉴욕IBS 뷰티플피플, 패션메이크업 수상
- 국내 선수 다수 발굴 수상(금메달 포함)
- 국내, 국제발표회와 헤어쇼 다수 발표
- 국제미용장대회 심사위원장
- IKBF 심사위원
- 서울시장배 심사위원
- 2016년 프랑스장애인기능올림픽 심사판정장
- 장애인기능올림픽 세계 1위 배출
- 2016년 대통령 석탑산업훈장 수훈
- 미용기능장 교육 강사, 교수포럼 교육 담당
- 현) 미용실 데미 운영
- 대한미용사회 마포지회 회장
- 하지송헤어월드 & K-뷰티아카데미 운영

미용인의 길
- 강순자 회장 -

미용인은 참 할 일도 많지
미용실 운영은 기본
미용실 경영도 시대에 맞춰야 한다네
더불어
대학에서 후학들을 가르치지
참된 미용인이 되어야 한다고 가르치지

뿐이랴
지회장으로서 회원들을 위해 봉사하지
헤어아트 개인전, 단체전 교육으로도 하루가 짧네
미용인은 예술인
행동으로 보여주어야 하네

칸딘스키와 미용의 만남
'바실리 칸딘스키 작품을 적용한 헤어아트 화장성 연구'
멋지게 탄생했네
오롯이 미용인이 예술인이 되었네

'처음처럼' 최선을 다하여
깨어있는 미용인
즐겁고 행복한 미용인
지덕체를 갖춘 미용인
되라 하네
앞장서 가네

미용인으로서 맡겨진 임무에 소임을 다하다

강순자
광주 서구 지회장

어떤 직업군보다 부지런한 미용인들

우리 사회의 많은 직업군 중 미용인 만큼 성실하며 부지런하게 사는 직업군도 많지 않을 것입니다. 거개의 미용인들은 아침 9시나 10시에 일과를 시작하지만, 그 전에 미용실 청소는 물론 직원 조회, 독서 토론회 등을 엽니다. 아침 일과 전에 외부 특강을 여는 경우도 종종 있습니다. 하루의 일과를 마치면 밤늦게 열리는 세미나, 기술 교육 등에 참석합니다. 여기에 덧붙여 개인 공부를 하거나 특강을 받는 경우도 많습니다. 이러니 미용인 만큼 열심히 사는 직업군도 없다고 말씀드릴 수 있습니다.

강순자 회장과 같은 경우는 더 바쁘고 치열하게 하루하루를 살고 있습니다. 미용실 경영은 물론이고 대학교 겸임교수로 출강하며 헤어아트 개인전과 단체전 교육도 병행하고 있습니다. 대한미용사회 광주 서구지회장의 역할까지 훌륭하게 수행하고 있으니 일당백의 삶을 살고 있다고 해도 과언이 아닙니다. 이미 미용기능장, 이용기능장을 취득하였음은 물론 올해는 광주대학교 대학원에서 박사학위를 받기도 했습니다. 배움에 대한 열망이 누구보다 크고 강했기 때문에 가능한 일입니다.

　강순자 회장은 뷰티라이프의 2020년 11월호의 표지 작품을 연출하셨습니다. 그 당시 한국미용장협회에서 주관하는 2021년 트렌드 공모전에서 산업체 대상을 수상하였고, 한국미용장협회의 추천으로 2021년의 새로운 트렌드를 뷰티라이프 2020년 11월호에 발표한 것입니다. 당시 배우이자 탤런트였던 감례인 양에게 선보였던 표지는 미용인들에게 많은 관심을 끌었습니다. 그때의 기억이 지금도 새롭습니다.

광주대학교에서 박사학위 취득

　앞에서도 언급했지만 강순자 회장은 올해 광주대학교에서 박사학위를 취득했습니다. 박사 학위 논문이 "바실리 칸딘스키 작품을 적용한 헤어아트 화장성 연구"에 관한 것이었는데, 기자는 논문 제목을 듣고 강순자 회장께 자세하게 설명해달라고 부탁한 적이 있습니다. 일반적인 미용인들의 논문과는 다른 무엇이 있을 것 같다는 생각 때문이었습니다. 칸딘스

키는 기자가 관심을 갖는 예술가이기도 했습니다.

  박사 학위 논문을 자세하게 살펴보면, 바실리 칸딘스키의 시대별 작품 세계, 헤어아트의 개념과 유형에 관한 이론적 연구를 위해 관련 서적, 선행연구, 인터넷 자료를 통해 고찰하고 실증적 연구를 위해 바실리 칸딘스키의 작업 시기별 대표 작품을 청년기시대, 청기사파시대, 러시아시대, 바우하우스시대, 파리시대로 나누고 있음을 볼 수 있습니다. 그리고 시대별 작품에 관하여 고찰한 후 작품에 표현된 색채를 분석하여 그 결과를 적용한 색채계획에 따라 헤어아트작품 총 5점을 선정하고, 한국 표준색 색채분석 프로그램을 활용하여 작품에 표현된 색채를 분석했습니다. 색채분석 결과를 바탕으로 포토샵 프로그램을 활용하여 유사색상과 반대색상을 도출하여 그 결과를 바탕으로 색채디자인을 계획하고 시대별 작품 5점에 대한 동일색상, 유사색상, 반대색상의 헤어 아트 작품 총 15점을 제작하는 열정을 보이고 있습니다.

  이런 열정은 헤어아트 분야의 학문적 연구방법에 대한 영역을 확대하고 헤어아트 작품제작 연구의 지속적인 발전을 위해 추상미술 분야의 예술작품에 표현된 조형성 중 색채에 관한 연구가 필요하다는 판단했기에 가능했다는 설명입니다.

　또한 이처럼 다양한 색상의 연출이 가능한 모발을 통해 작품을 제작하였으며, 바실리 칸딘스키의 작품을 모발이라는 소재로 제작함으로써 예술작품의 표현범위를 확장시키고 추상미술작품을 헤어아트에 적용하여 제작함으로써 예술작품의 표현 범위를 확장하는데 기여했다는 평가를 받기도 했습니다. 색채분석과 색상에 의한 배색인 동일, 유사, 반대색상을 적용한 헤어아트 작품연구를 통해 헤어아트 분야의 학문적 연구 방법에 있어 접근 방법을 확장하였다는 것입니다.

　그 결과 칸딘스키의 작품에 표현된 색채의 의미를 파악할 수 있었으며, 작품에 표현된 조형성은 형태만큼이나 색채를 통해서도 전달되고 있으며, 그가 생각했던 내적 경험과 감정을 표현하는 수단임과 동시에 색채를 통해 작품을 보고 이해하게 하는 상호작용의 수단임을 확인할 수 있었다는 것입니다. 시대별 작품을 동일, 유사, 반대색상을 적용하여 헤어아트 작품을 제작하면서 같은 형태에 색상을 다르게 적용함으로써 작품

에 반응하는 시각적 변화와 감정의 다채로움을 확인할 수도 있었다고 합니다.

　작품을 구성하는 여러 가지 조형적 요소 중 색상이 작품에 미치는 영향과 시각적 큰 변화를 가져올 수 있음을 파악할 수 있었고, 헤어아트 작품 연구의 새로운 가능성을 확인할 수 있었다고 합니다. 모티브의 형태 또는 색채를 모방하거나 재현하는 기존 헤어아트 관련 선행연구와는 차별화된 색채분석을 통한 헤어아트 색채 화장성 연구를 통해 연구방법의 확대와 헤어아트 예술 작품의 영역 확장을 기대할 수 있는 성과를 이 논문을 통해 얻은 것입니다.

　박사 학위 논문을 이처럼 자세하게 언급한 것은 이전에는 이런 시도가 없었고 미용이 예술이라는 명제를 강순자 회장은 논문을 통해 어느 정도 입증하는 노력을 보여주었기 때문입니다.

　미용이 예술로 인정받기 위해서는 이론적 뒷받침이 많이 선행되어야 합니다. 그런 의미에서 강순자 회장은 선구자에 다름 아님을 알 수 있습니다.

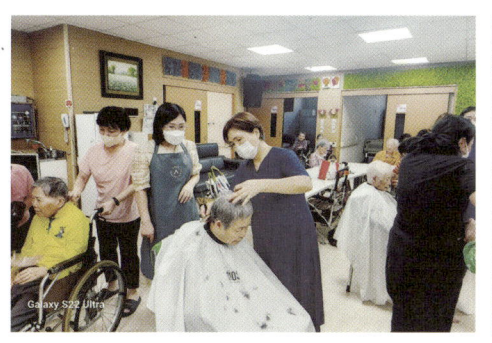 

시대에 맞는 미용실 운영

강순자 회장은 대형살롱을 운영하다가 요즘 컨셉인 아담한 살롱을 운영 중입니다. 편안하고 자유로운 살롱 형태로 예약제 우선 순으로 운영하며 가발, 두피, 모발크리닉을 새롭게 도입하여 고객 맞춤형 살롱을 운영하고 있습니다. 변화하는 시대상에 맞게 미용실 운영도 변해야 한다는 확고한 철학이 변화를 주도했습니다.

"날마다 다사다난했지만 같이한 직원들의 성장과 매장의 성장이 지탱해준 디딤돌이었고, 그로 인해 같이 봉사하며 지낸 과정에서 희노애락의 즐거움을 얻었다고 봅니다. 같이 봉사를 하러 가는 게 아니라 서로 도움 받는 거라는 직원들의 생각에서 장기근속자들이 많이 있었던 것 같습니다. 직원들을 위해 도울 수 있는 역할과 더디게 성장하는 직원들만의 개인차를 인정하고 포기하지 않게 이끌어 주며 성장하게 만듦은 이루 말할 수 없이 기쁘고 큰 보람으로 기억됩니다. 그 끈은 현재도 놓지 않고 서로 돕고 돕는 좋은 관계를 지속하고 있습니다."

강순자 회장은 직원들과 같이 느끼는 즐거움뿐만 아니라 앞으로 미용계에 대한 전망도 잊지 않습니다.

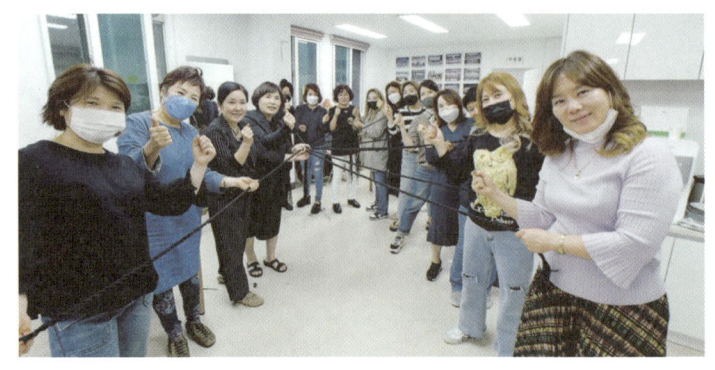

"현재는 지속 발전하여 노력하지 않으면 안 되는 치열한 경쟁의 통로에서 한 분야에 정확하고 깊이 있는 지식과 기술을 가지고 있지 않으면 어려운 시대임에 분명합니다. AI가 우리 미용에도 조금씩 스며들고 있는 느낌이며 앞으로 전문성을 가지고 대응하지 않으면 어려운 실정으로 앞으로의 나 자신을 어떤 방향으로 이끌고 갈 것인가에 대해 먼저 준비하는 미용인이 되어야 합니다, 먼저 인간이 갖추어야 할 기본적인 자질과 직업에 대한 최소한의 예의를 가지고 미용을 한다면 꾸준한 성장을 가져오리라 믿습니다."

늘 먼저 나 자신을 위해 고객을 가꾸는 것보다 나 자신을 먼저 가꾸고 보살피자는 강순자 회장, 건강한 삶을 위해 아끼고 사랑하는 멋진 미용인으로 당당한 최고의 디자이너가 되자는 강순자 회장, 하루하루 건강한 웃음을 이웃에게 나누어 주는 만능 전도사, 행복 전도사의 미용인이 되자는 강순자 회장, 우리 사회의 선한 영향력을 끼치는 미용인이 되고자 노력하는 강순자 회장이 있기에 우리 미용계의 앞날이 밝음을 확신한다.

- 1992년~현재 레나강헤어비스 대표
- 2010~2021 이가자헤어비스 경영
- 2008년 한국산업인력관리공단 대한민국 기능 미용장
- 2011년 한국산업인력관리공단 대한민국 기능 이용장
- 현재 한국산업인력관리공단 미용자격시험 감독
- 2019~현재 (사)대한미용사회 광주서구 지회장
- 2021~2022 (사)대한미용사회 광주시 협의회장
- 2009년 (사)대한미용사회중앙회 기술강사 12기
- 2014년 (사)대한미용사회중앙회 특별고전분과 기술강사 4기
- 2016~2017 국제라이온스 355B1지구 상록라이온스 클럽회장
- 2016년 호남대학교 산업대학원 스피치 커뮤니케이션학과 석사
- 2024년 광주대학과 대학원 뷰티미용학과 박사

4장 행복

아름다움을 봉사로 잇다
- 이기은 원장 -

어릴 적 여행을 꿈꾸던 소녀
어엿한 일류 미용사가 되어
웃음 짓네

여행은 자유를 얻어
내면을 살찌우고
미용사는 아름다움을 선사하여
내면을 감싸네

곱슬머리는 블루오션
대한민국 최고의
곱슬머리 전문숍으로 거듭났네

이름하여 주다헤어
한국인에 최적화된 상품까지 출시했네

곱슬머리 천하 통일
이제
미래를 준비하고 선도해야 할 때
후배를 양성하며
축척한 노하우를 바탕으로
행복한 미용을 구축하려 하네

내 손안의 기술
세계로 세계로 봉사하며
아름다움을 전파하려 하네
아름다운 미용인 웃고 있네

곱슬머리의 장인이 되다

이기은
곱슬전문점 〈주다헤어〉 대표

여행을 동경했던 어린시절

사람들이 살아가는 삶은 참으로 다양하며 복잡합니다. 복잡한 삶 속에서도 자기 자신만의 신념을 가지고 자신만의 생을 개척해가고 있는 사람들은 분명 존경할만합니다.

오늘의 주인공인 이기은 원장은 그런 미용인 중 한 사람임이 틀림없습니다. 미용에서 최고가 되기 위해 불철주야 노력했고 공부해왔다는 사실을 알 때 더욱 인정하지 않을 수 없습니다.

이기은 원장이 미용을 한 계기는 참 재미있습니다. 이기은 원장은 어릴 때부터 여행을 동경해왔습니다. 그리고 '나는 향후 어떤 직업을 가질까, 어떠한 직업을 가져야 나의 소망인 여행을 많이 다닐 수 있을까'하고 고민했습니다. 고민끝에 내린 결론은 '미용사'였습니다. 순간적으로 생각할 때, 여행과 미용은 잘 어울리지 않을 듯합니다. 그러나 깊이 있게 들여다보면 여행과 미용은 공통점이 많이 있습니다.

여행이 여러 곳곳을 돌아다니며 자유를 찾아 정신을 아름답게 살찌운다면, 미용은 많은 고객의 외모를 아름답게 하여 정신적으로 윤택한 생

활을 할 수 있게 합니다. 그러니 여행과 미용은 궁극적으로 사람의 삶을 만족하게 해준다는 공통점이 있습니다.

물론 고객을 만족시키는 미용인이 되기 위해서는 끝없는 기술 연마와 자기 노력이 필요합니다. 이기은 원장을 높이 평가하는 이유는 이러한 노력을 과거에도 현재에도 꾸준히 하고 있다는 점입니다. 이기은 원장은 최고가 되기 위해서 공부에 공부를 반복하여 미용인들이 어렵다고 여기는 미용장, 이용장, 컬러리스트 기사, 직업훈련교사2급, 평생교육사 등의 국가자격증을 취득하였습니다. 여기에 만족하지 않고 지금도 공부에 공부를 끊임없이 이어가고 있으니 그 열정에 박수를 보내지 않을 수 없습니다.

미용계의 블루오션, 곱슬머리

이기은 원장은 미용 생활 초창기부터 곱슬머리를 미용계의 블루오션이라고 생각했습니다. 그리고 다른 미용실과의 차별화된 전략을 세우다가 전문 헤어숍을 운영하기로 마음먹고 선택한 것이 평소 블루오션이라 여기던 곱슬머리 전문숍이었습니다. 이기은 원장의 생각은 '고가의 단가로 고객이 원하는 헤어스타일로 디자인해 주는 미용실'이었으며 그중 '악성 흑인곱슬'에 주안점을 두었습니다.

이기은 원장의 예상은 적중했습니다. 이기은 원장의 미용실 "주다헤어"는 지역에서는 물론이고 전국적으로도 유명한 곱슬머리전문미용실이 되었습니다. 지금은 우리나라 사람에 맞는 최적화 된 곱슬용 매직 펌약을 자체 개발, 제품화하여 생산, 유통하고 있습니다.

한 분야에서 전문가가 되기 위해서는 미래를 예측할 수 있는 능력과 여기에 더하여 전문인의 기술함양을 향한 끊임없는 노력이 수반될 때 가능하다는 것을 이기은 원장은 확실하게 보여주고 있습니다.

성공한 미용인으로서의 즐거움

이기은 원장은 수많은 노력 속에서 미용인으로서의 즐거웠던 기억도 많습니다.

"저에게 미용을 배운 후배가 미용장 시험에 합격하고, 그런 후배들이 다양한 파트의 교단에서 제자를 강의하며 후배들을 양성하는 소식을 접하면 뿌듯함을 느낍니다.

또, 고민을 달고 사는, 늘 스트레스를 받고 사는 수많은 곱슬머리 고객들이 저희 미용실을 방문하여 그동안의 고민, 스트레스에서 벗어나는 과정을 보면서 미용을 직업으로 잘 선택했구나 하는 자부심을 느낍니다."

이러한 뿌듯함과 자부심은 후배 사랑이나 자기 기술에 대한 애착이 없으면 느끼기 어려운 마음으로 이기은 원장이 앞서가는 미용인임을 다시 한 번 알 수 있게 해줍니다.

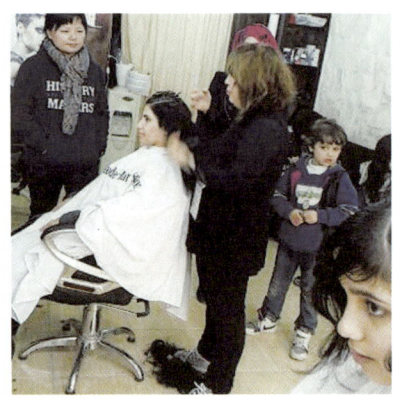 

"모든 분야가 그렇듯이 자신이 종사하는 직업에 대한 미래를 한 번쯤 생각할 것입니다. 알 수 없는 불확실한 미래에 대해서 누구나 약간의 두려움을 갖고 오늘의 삶을 살아가는 건 미용에 종사하는 우리에게 당연지사일 것입니다.

필드에서는 미용사로, 밖으로는 교육자로 활동하는 저에게 미용은 끝없는 도전이고 배움의 연속입니다. 저는 배움에는 끝이 없다는 철학을 갖고 지금 여기까지 왔습니다. 그래야 미용 분야에서 최고라고 인정받을 수 있으니까요. 막연한 미래의 두려움에서 조금이나마 벗어나는 방법 중 하나가 경쟁력을 갖추는 것이고, 그것이 지금의 곱슬머리 전문가로 거듭난 현재의 제 모습이 아닐까 생각합니다. 미래를 준비하는 자만이 희망이 있고 배움에 도전하는 자만이 미래를 선도할 수 있다는 걸 잊지 않고 사셨으면 합니다."

경험에서 우러나오는 조언은 미용인들에게 귀감으로 다가올 듯합니다.

공부하는 자만이 살아 남는다

"앞선 미용을 한다는 건 아마도 대단한 실력자가 아닐까요. 선진 미용은 필드에 종사하는 미용인이라면 누구나 꿈꾸는 최종 목표일 것입니다.

저를 기준 삼아 얘기하면, 저는 공부하는 미용사이자 미용장입니다. 열정이 남다른지 아직도 새로운 분야에 대한 호기심이 생겨 도전하고 탐구하고 있습니다.

제가 공부하는 이유는 아주 간단하고 단순합니다. 미용 세계에서 뒤처지고 도태되기 싫기 때문이죠. 원론적인 얘기겠지만 공부를 안 하면 실력자가 될 수 없고, 실력자가 아니면 선진 미용을 할 수 없으며, 소망하는 목표에 도달할 수 없다는 점입니다."

자기 길과 삶을 개척하고 있는 미용인으로서 미용인들에게 전하는 제언은 선진 미용을 꿈꾸는 미용인들에게는 마음으로 전해지리라 믿습니다.

달리고 달려 벌써 미용에 입문한 지 38년이 되었다는 이기은 원장, 그동안 수고한 자신을 격려하는 차원에서 지난해 10월에는 2주 간의 유럽여행을 즐겁고 행복하게 다녀왔다는 이기은 원장은 우리 미용인의 표상으로 손색없다는 생각을 기자는 합니다.
　이기은 원장과 같은 미용인이 우리 미용계에 많이 나타날 때 우리 미용의 위상도 그만큼 높아질 거라고 확신합니다.

- 곱슬전문숍 〈주다헤어〉 대표
- 2005년 "이기은 헤어살롱" 오픈
- 미용장 / 이용장
- 컬러리스트기사
- 평생교육사
- NCS 국가직업훈련 교사
- 산업인력공단 교재편찬위원
- 전) 한국미용장협회 교육강사
- 전) 한국미용장협회 경기도지회장

미용인으로서의 가치 있는 삶
- 원동호 회장 -

미용실은
고객의 아름다움을 업그레이드하는 곳
차별화된 기술과 서비스로
고객의 만족도를 높여주는 곳
이러한 신념으로
디자이너들과 연구와 공부를 계속했네
헤어포레는 그러한 곳
고객들의 미소가 끊이지 않는 곳
초심을 잊지 말자
항상 처음처럼
인연을 소중히
창의적인 예술가인 미용인이 지녀야 할 덕목
봉사를 하며
회원들에게 혜택을 주고
기술을 높여주어
모두가 잘 먹고 잘 사는 미용인이 되기를
오늘도
바라고 바라면서
미용인의
정과 온기를 온전히 간직하며 사는
어느 미용인
대구의 한 지회장

지회장으로서 미용인의 위상을 지키다

원 동 호
대구 북구 지회장

불의를 참지 못하는 미용인

　미용인의 삶은 다양합니다. 실력과 기술을 향상하여 미용강사로서 이름을 날리고 있는 미용인이 있는가 하면 미용실 운영에 남다른 실력을 자랑하며 부를 쌓는 미용인도 있습니다. 각종 국제 및 국내대회에 출전, 수상을 하여 명예를 드높이는 미용인도 있습니다. 학업에 매진하여후학들을 가르치는 미용인도 있지요. 어떤 삶이 성공했다고 단정할 수는 없고 각자의 능력이나 성품, 기질에 따라 미용인으로서의 앞날을 개척해나가는 모습은 보기 좋지 않을 수 없습니다.
　여기에 더하여 자기가 속한 공동체의 조직을 위해 봉사까지 한다면 더할 나위 없는 훌륭한 삶이라고 말할 수 있겠습니다.
　대구 북구에서 '헤어포레'란 샵을 운영하며 북구지회장까지 맡고 있는 원동호 지회장은 이런 훌륭한 미용인의 삶을 실천하고 있는 미용인이라고 기자는 생각합니다.
　기자가 원동호 회장을 만난 시기는 명확하게 적시할 수 없습니다. 미용계의 크고 작은 행사에서 자주 마주쳤을 뿐만 아니라 매 행사에서 적극적인 그의 모습을 보며 기자는 '참 괜찮은 미용인이다'라고만 느끼고 있

었습니다. 더구나 불의(不義)를 보고 참지 못하는 원동호 회장을 보며 기자는 호감을 가지게 되었습니다.

  미용계가 시끄러운 와중에 미용계를 진정으로 위하는 그의 모습을 여러 번 보게 되었고 시나브로 기자는 원동호 회장과 가까워질 수 있었습니다.

성공적인 미용실 운영

  앞에서도 말씀드렸지만 원동호 회장은 모범적인 미용실을 운영하며 대구 북구지회장까지 맡고있습니다. 성공적인 미용실을 어떻게 운영하고 있는지 묻지 않을 수 없습니다.

  "저는 대구 북구에서 24여 년간 샵(#)헤어포레를 운영하고 있습니다. 컨셉이 있는 샵(#)헤어포레 미용실은 고객님의 아름다움을 한 단계 업그레이드하는 데 전념하는 곳입니다. 넓은 40평대의 매장에서 실력 있는 디자이너들이 세심한 서비스와 1:1 맞춤 상담을 통해 고객님께 최고의 만족을 드리는 것이 우리의 목표입니다.

40년의 노하우를 보유한 업스타일과 맨즈펌 전문가들이 고객의 요구사항과 트렌드를 반영한 전문적인 시술을 제공합니다. 그들의 세분화한 기술은 고객님의 스타일을 돋보이게 하며, 독특하고 차별화된 디자인으로 여러 고객층의 시술 만족도를 높이는데 크게 기여합니다.

컨셉이 있는 샵(#)헤어포레 미용실에서는 고객님이 가장 중요합니다. 고객님의 아름다움을 더욱 빛내는 데 도움이 될 수 있기를 위해 가족 같은 디자이너의 선생님들과 항상 연구와 공부를 게을리하지 않습니다."

지회장 일을 맡아 회원들에게 어떤 도움과 혜택을 줄지 고민하는 와중에도 이렇게 성공적으로 미용실을 운영할 수 있었던 것은 고객 한 분 한 분을 소중하게 생각하고 있기 때문입니다.

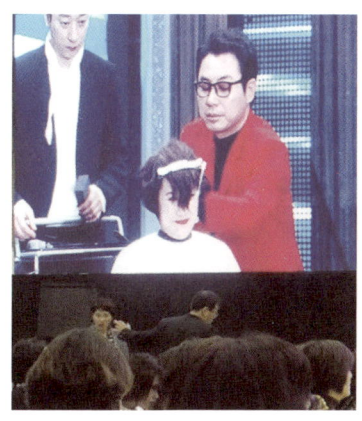 

원동호 회장은 미용은 외모를 디자인하고 변화시키는 창의적인 예술이며, 고객과의 소통 속에서 개성과 스타일을 파악하고 만족할 때, 미용인에게도 행복을 안겨주는 고마운 직업이라는 철학을 항상 마음속에 담고 살고 있습니다.

"항상 처음처럼, 항상 깨어있는 미용인, 고객님의 머리를 내 머리라고 생각하고 작업에 임해라. 처음 디자이너가 되어 첫 고객을 맞아 설레던 그 마음을 항상 생각하면서 초심을 잃지 말자. 고객은 0.5㎜에도 민감하다. 내 머리라고 생각을 하면서 소중하게 아껴야 한다."

원동호 회장의 고객을 대하는 마음입니다. 이렇게 고객을 대하니 고객들도 그 마음을 이해하고 그야말로 참고객이 될 수밖에 없습니다.

봉사하며 사는 삶

원동호 회장은 이웃에 대한 봉사 활동 등 미용인으로서 많은 일을 하고 있습니다.

"현재까지 여러 봉사를 해왔고 지금도 하고 있지만 200여 명의 어르신

　장수사진 봉사와 각 구(區)의 요청에 의한 다문화부부나 어려워서 결혼식을 올리지 못한 부부를 모집하여 19쌍의 무료 합동결혼식 봉사를 했던 기억에 많이 남습니다.

　지회장으로서는 코로나가 시작되어 모두가 두려워할 때 각 회원업소의 신청을 받아서 소독을 해드렸을 때 협회에 감사함을 표현하는 회원님들에서 뿌듯함을 느꼈습니다.

　24년째 학교 강의를 하면서 후배들이 훌륭하게 성장해 나가는 모습을 보면서 많은 학생들에게 연락을 취하며 조언과 격려를 해줄 때 제가 정말 미용하기를 잘했구나, 라는 생각을 하면서 자부심을 느낍니다. 그리고 제자들이 강단과 교단에서 활동을 같이하며 연구하고 공부 하는데 있어 많은 행복을 느낍니다."

　행복은 느끼는 자의 몫임을 원동호 회장은 실천을 통하여 보여주고 있습니다.

미용인들에 대한 당부도 잊지 않습니다

"〈-초심을 잊지 말자, -항상 처음처럼, -인연을 소중히〉

미용을 시작하면서 혼자서 하지는 않았을 겁니다. 지금 우리 미용 산업이 발전에 발전을 거듭나고 있습니다. 훌륭한 선배님들의 많은 노고에 사회적인 위치나 기술 면에서 세계에서 뒤지지 않는 기술을 자랑하고 있습니다. 나의 성장 과정에서 지금 이 자리에 있기까지에 나에게는 누가 있었는가를 한 번씩 되새김질해 보았으면 합니다.

많은 인연이 없었다면 과연 내가 이 자리에 있을 수 있었을까, 라는 생각을 하면서 앞으로 미용 산업발전을 위하고 후배들에게 아름다운 미용 문화를 물려주기 위해서는 개인의 욕심은 버리고 한마음 한뜻으로 미용인 전체가 하나 되어 아름다운 미용 산업발전에 함께할 수 있는 미용인이 되시길 부탁드리고 싶습니다."

지회장 역할 훌륭히 수행

미용계 전체가 발전하기 위해서는 미용인 개개인의 능력 발휘도 중요하지만 미용계를 위한 미용인들의 단합된 힘이 절대적으로 필요합니다. 미용계 앞날을 책임지고 있는 지도자로서의 원동호 회장의 당부는 시사하는 점이 많습니다.

지금 한 지회의 지회장으로서 남은 임기를 생각하면서 회원들에게 많은 도움과 어떤 혜택을 줄지에 대해 고민하고 있다는 원동호 회장, 기술 공유를 위해 매 기수를 모집하여 아카데미를 신설하여 많은 회원들이 참여할 수 있도록 계획 중이라는 원동호 회장, 유명강사를 초청하여 빠른 트렌드 세미나를 개최하고 남은 임기 동안 비회원들에게 많은 홍보와 교류를 통해 정회원 70% 목표로 최선을 다할 예정이라는 원동호 회장은 우리 미용계에서 지회장의 역할을 훌륭하게 수행하고 있는 회장임이 확실합니다.

그의 이런 노력들이 우리 미용계를 일깨우고 우리 미용사회가 훈훈한 조직으로 탈바꿈하는데 큰힘이 되리라는 확신을 갖게 됩니다.

지금도 미용사회의 건전한 발전을 위해 노력하고 있을 원동회 회장의 앞날을 축원합니다.

- 대구대학교 디자인 대학원 석사졸업
- 현) 샵(#)헤어포레 대표
- 현) (사)대한미용사회중앙회 11기 기술강사
- 현) (사)대한미용사회 대구시 북구지회 지회장
- (사)대한미용사회 대구시 협의회장 역임
- 대구보건대학교 겸임교수 역임
- 대경대학교 겸임교수 역임
- 경일대학교 특임교수 역임
- 현) 계명문화대학교 겸임교수

삶을 예술로 바꾸다
- 김종미 원장 -

미용인은 헤어아티스트
예술가라네
미래의 직업에도
AI가 대신할 수 없는
유망직종이라네
사람들을 아름답게 한다네

여기
독거노인 소년소녀가장 다문화가정 장애인센터를 찾아
미용 봉사하고
미용실을 찾는 고객들에게는
해맑게 웃고 있는 유화 작품들로
행복한 마음을 전해주고 있으니
진정한 예술가가 아니고 무엇이랴

미용은 사랑이라네
머리를 하고
봉사를 하고
그림을 그리며
아름다운 미소를 전할 수 있으니
행복하다네

그녀는 헤어아티스트
사랑을 실천하는
예술가라네

사랑을 실천하며 사는 삶

김 종 미

리베떼헤어 원장

미용인은 헤어아티스트다

미용인들은 스스로를 헤어아티스트라고 말합니다. 사람의 외모를 아름답게 꾸며서 마음까지 행복하게 하니 그 어떤 예술가보다도 예술가답다고 말합니다. 일리 있는 말입니다. 내, 외적인 아름다움을 선사하고 있는 미용인들은 진정 아티스트임이 분명합니다.

아티스트들은 많은 공부를 해야 합니다. 전문적인 지식습득도 중요하지만 사회나 역사, 문화에 대한 인식을 넓혀가야 함은 당연합니다.

미용인들이 특히 헤어아티스트로서 대접받기 위해서는 미용 기술 외에 시대를 꿰뚫어보고 문화를 이끌어가는 흐름을 읽고 따라가야 합니다.

기자는 미용인들을 만날 때마다 시간이 날 때, 영화, 연극을 보거나 미술관 탐방, 박물관 구경하기를 권합니다. 세상을 책으로 배우는 것도 중요하지만 몸소 보거나 체험하는 것이 몇 배의 효과가 있음을 잘 알고 있기 때문입니다. 특히 우리 '뷰티라이프사랑모임' 식구들에게는 이 점을 강조합니다.

뷰사모 정모 때, 종전에 하던 기술 세미나를 지양하고 미술품 감상을

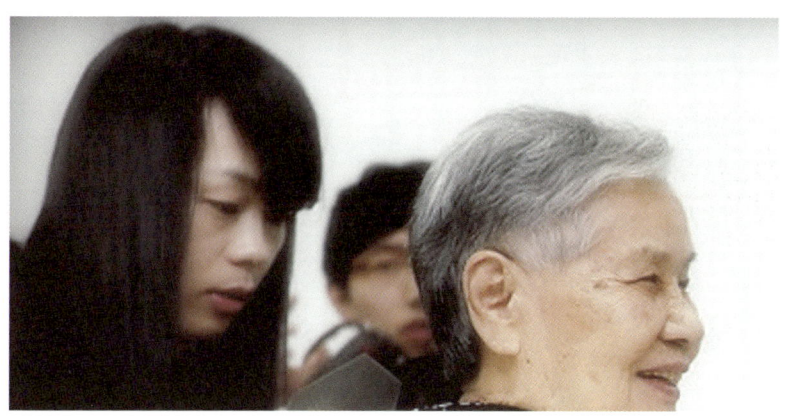

한다거나 뮤지컬 관람, 지역문화 탐방을 하는 이유도 이와 무관치 않습니다. 그러나 이러한 행사 개최와 개인적인 의견은 개개인의 뜻과 맞아야 하기 때문에 마음을 맞는 사람을 찾는 것은 결코 쉬운 일이 아닙니다.

예술의 현장에서 자주 만나는 김종미 원장

기자는 영화관이나 미술관, 연극무대를 자주 찾는 편입니다. 시간이 허락하는한 찾곤 하는데 미술관에서 자주 만나는 미용인 중의 한 사람이 바로 김종미 원장입니다. 이러한 장소에서 우연히 만났을 때 사람은 더 반가워지고 친숙하게 느껴지기 마련입니다. 그리고 동질감으로까지 이어져 무한한 신뢰를 하게 됩니다.

이런한 만남은 김종미 원장을 기자가 남다른 시선으로 보게 된 큰 이유 중의 하나일 것입니다.

김종미 원장의 미용실은 예술의 전당과 가까운 서울남부시외버스터미

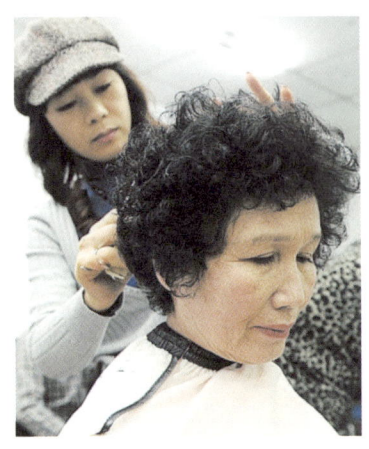

널 근처에 있습니다. 기자는 예술의 전당을 종종 찾는 편인데, 시간을 넉넉하게 가지고 김종미 원장의 미용실을 먼저 방문합니다. 많은 유화 작품들로 채워진 김종미 원장의 미용실은 그야말로 미술관에 다름 아닙니다. 더구나 그 유화들이 김종미 원장이 직접 그린 작품이라는 데 놀라지 않을 수 없습니다. 유화 수준도 어느 정도 경지에 이르렀다는 것을 금방 느낄 수 있습니다.

김종미 원장의 미용실에서 그녀가 만들어준 커피를 마시며 유화를 구경하는 재미는 경험해보지 않은 사람들은 느낄 수 없는 행복입니다. 기자가 예술의 전당을 더 찾는 이유일지도 모르겠습니다.

몸에 밴 미용 봉사활동

김종미 원장은 평소 미용 봉사 활동을 많이 하고 있습니다.
"처음에는 복지관에서 독거노인이나 소년소녀 가장들을 위한 요리봉

 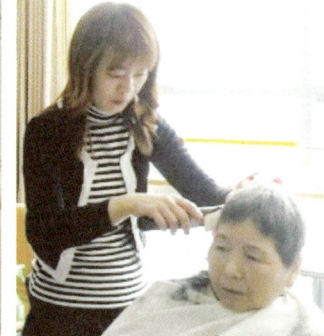 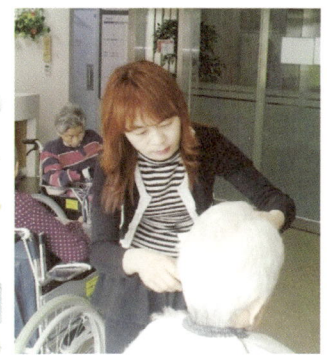

사를 하다가, 소년소녀들의 머리가 깔끔하면 남들이 볼 때 부모 없는 아이들인 줄 모를 것 같아 대충 배워서 해주는 것보다 이왕이면 확실히 배워서 해줘야겠다고 생각해서 미용사 자격증을 따게 되었고, 그때 제 맘속으로 내 몸 건강이 허락할 때까지 꾸준히 해줘야겠다고 생각했습니다. 제 자신과의 약속이었기에 그때부터 현재까지 하게 되었습니다."

 미용을 시작한 이유가 남들에게 봉사하기 위한 것이었다니 대견하고 자랑스러운 일이 아닐 수 없습니다. 물론 이발을 오래 하신 아버지의 영향이 없다고는 볼 수 없겠지요. 타고난 유전자의 힘과 더불어 봉사를 실천하고자 하는 마음이 합쳐져서 오늘날의 김종미 원장을 만들었다고 기자는 생각합니다.

 김종미 원장은 미용 봉사할 때와 그림 그릴 때가 가장 행복하다고 말합니다. 봉사 활동이 그의 태생적, 원초적인 마음에서 비롯되어졌다면, 그림 그리기는 그녀의 후천적 노력에서 비롯되어졌습니다.

 김종미 원장 미용실의 대부분의 고객들은 예술을 사랑하는 사람들입니다. 통통 튀는 성격의 그녀답게 유화 그림들도 그녀를 닮아서 밝고 즐

거운 분위기를 연출한 작품들이 많습니다. 젊은 고객들이 많아서 연예 상담도 해주고, 그런 고객들이 유화 작품을 통해서 즐거움과 행복함을 느낄 때, 김종미 원장 또한 무한 행복으로 다가옵니다. 행복은 주고받는 것이라는 평범한 진리를 그럴 때 더 느끼며 미용인으로서의 자부심도 한 층 고조되는 것입니다.

미용은 사랑이다

"미용은 한마디로 사랑입니다. 나이를 불문하고 남녀노소 누구든 아름 답게 해줄 수 있고, 수 많은 직업들 중 건강이 허락하는 한 늦은 나이까 지 일을 할 수 있는 매력이 미용이라는 직업에는 있습니다. 내 자신도 꾸 밀 수 있어 미용인들은 나이보다 늙지 않는다는 큰 장점이 있습니다. 미 용인임이 진정 자랑스럽고 좋습니다."

고객들에게는 아름다움을 선사하고 미용 봉사 활동을 통해 사랑을 실

천하고 있으며, 내면적으로는 그림 그리기를 통해 자아 실현을 하고 있는 김종미 원장은 행복한 미용인이라 말하지 않을 수 없습니다.

"미용 봉사활동을 30년 동안 하다 보니 가평 꽃동네부터 독거노인, 치매센터, 장애인센터, 다문화가정, 보육원, 병원 등 가보지 않은 곳이 없는 것 같습니다. 오랜 시간 늘 꾸준히 하다 보니까 이젠 그냥 안 해서는 안 될 일상 생활이 되었습니다."

김종미 원장의 말에서 사랑은 실천이라는 말이 새삼 각인됩니다. 그리고 이러한 사랑의 실천은 미용인의 위상을 드높이는 표상이 되기도 합니다.

"미용을 사랑하는 선·후배 분들께 제일 먼저 건강부터 챙기시고, 하고 싶거나 좋아하는 일이 있으면 나중에 후회 안 되게 무조건 도전해서 보시라고 전하고 싶습니다. 건강이 최고의 미덕입니다. 건강하신 후에 배움과 도전을 하신다면 꼭 좋은 결과가 따라올 거예요."

　김종미 원장은 건강을 강조합니다. 그러나 그 건강이 육체적인 건강만을 뜻하지는 않습니다. 육체적인 건강도 중요하지만 이웃을 생각하고 사랑을 실천할 수 있는 정신적이 건강이 우선한다는 점을 강조합니다. 이러한 마음은 내적, 외적인 아름다움을 고객들께 선사하고 있는 미용인들이기에 가능한 것입니다.

　본업인 미용 일도 열심히 하고, 취미 생활인 유화 작품도 꾸준히 공부하면서 출품도 계속할 것이며, 작품집도 출간하고, 개인전시도 계획 중인 김종미 원장의 소박하지만 아름다운 포부가 머지않아 꼭 이루어질 것이라 기자는 굳게 믿습니다.

　이웃을 위하는 선천적인 마음으로 봉사 활동을 이어가고 있는 김종미 원장이기에 기자의 마음이 더 간절해지는 것인지도 모르겠습니다.

- 현) 리베떼헤어 운영
- 현) 대한미용사회 서초구협회 감사
- 대한민국 문화예술제 서양화 입선, 특선
- 충무공숭모예술대전 서양화 입선, 특선
- 방과후 미용교육 강사 1급
- 캘리그라피 지도자 1급
- 미술심리 상담사 1급
- 퍼스널컬러 컨설턴트 1급

미용예술을 완성하는 그날까지
- 박소야 전) 지회장 -

미용인이 예술인임을
모르는 자 누구랴
단아한 모습 맑은 심성으로
타인을 아름답게 가꾸며
헤어아트 분야를 개척하고
전시회 개인전 통해
머리카락 예술의 진수를 보여주는 미용인
섬섬옥수 황새 나는 듯한 솜씨
유명세 삼아
나만의 오롯한 미용실을 만들었네

이제 꿈은
미용예술을 완성하는 공간
전원 미용실!
남들보다 부지런하게
정직하게 살아왔으니
그 꿈 이루어져
미용인의 귀감이 되려니
노력으로 이루어질지니
천년의 사랑으로 꽃피운
헤어아트 황금공예
찬란하게 빛날 그날
여명처럼 다가올지니

미용예술인의 자부심으로 옳음을 실천하며 사는 삶

박소야

경남지회 전) 회장

지켜주고 싶은 미용인

　기자는 개인적으로 마음의 여유를 가지고 삶을 즐기며 사는 사람을 좋아합니다. 계절의 변화를 온몸으로 느끼며 얼굴에는 온화한 미소가 끊이지 않는 사람, 라일락 향과 대밭의 수런거림을 알며 살 것 같은 사람을 좋아합니다. 목소리는 차분함과 함께 고향의 정취를 맘껏 느낄 수 있는 음색이라면 금상첨화겠지요.

　적지 않은 세월 미용계에서 머물다 보니 이와 같은 분을 더러 만날 수 있었습니다. 그런 품성과 태도를 지닌 미용인 몇 분이 일부 미용계의 부조리와 타협하지 못하고 미용계와 멀어질 때 그 안타까움은 말로 표현하기 어려웠습니다. 그래서 지금은 그런 미용인을 더욱 지켜주고 싶은 마음 간절합니다.

　이야기가 옆길로 빠졌습니다.

　소녀같은 심성을 지닌 박소야 전 회장을 기자가 처음 만나 때는 2003년입니다. 뷰티라이프 영업부에서 근무하다 퇴직한 후 안산에서 미용재료상을 하던 후배의 요청으로 송부자 선생을 강사로 모시고 일본 오사카

로 해외 연수를 갔습니다. 스트록 커트의 창시자인 유타이 준메이 선생의 특강을 듣고 미용실도 방문하는 등 유익한 연수였습니다. 미용의자로 유명한 다카라 벨몬트 사 본사와 전시장도 찾았던 기억이 생생합니다. 미용인 30 여분이 같이 갔습니다. 그 중 박소야 원장은 기품 있고 품위 있어서 농담을 핑계 삼아 많은 얘기를 나눌 수 있었습니다. 귀국하고 나서도 자주는 아니지만 교류를 했습니다. 작품도 게재했었습니다.

  그 후 박소야 원장은 승승장구하여 진주시 지부장과 경남도 지회장을 역임하는 등 미용계의 지도자로 성장하였습니다. 대학에서 미용교수로 활동하며 후학 지도에도 매진하는 모습을 보여주었습니다. 미용장 취득은 물론 신지식으로 선정되는 등 미용인의 사회적 위상 강화에도 기여하고 있습니다. 실력과 품위, 마음 자세까지 미용인 지도자로서 손색없는 자질을 갖추고 있다고 기자는 단언합니다.

  헤어아트라는 새로운 분야에 도전하여 미용인은 예술가라는 인식을 사회에 심어놓기도 했습니다. 〈헤어아트 길잡이〉라는 단행본을 출간하기도 했으니 그 공이 지대하다고 말하지 않을 수 없습니다.

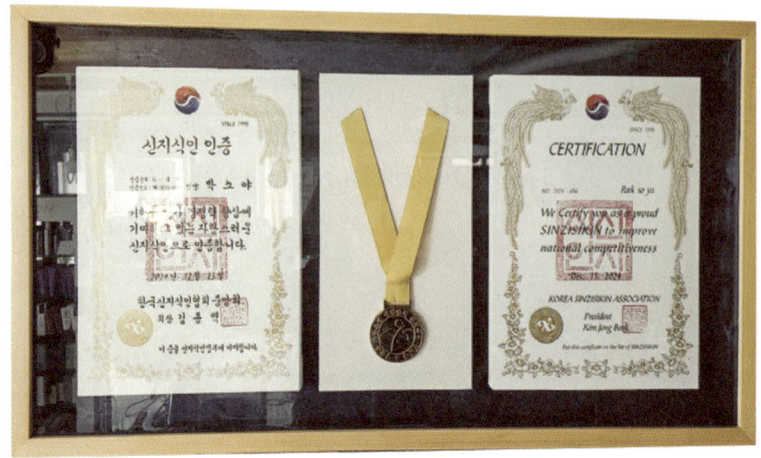

미용계의 지도자로 성장

"제가 처음 미용을 시작한, 언니가 하는 미용실은 시골 읍내에 있었지요. 미용실 한가운데의 연탄난로에는 연통이 기다랗게 창밖으로 이어져 있었는데, 추운 겨울 연통을 안고 추위를 녹이다 빨간 조끼가 연탄난로에 닿아 눌러붙기도 했어요. 그 연통 밑에 빨랫줄을 걸어 수건을 말리기로 했지요. 그리고 참 제가 처음 미용을 할 때 한일 짤순이가 처음 나왔으며, 수건은 무조건 핑크빛 밝은 수건에 손빨래를 했어요. 짤순이에 짜서 널어 말리면 어찌나 빨리 마르던지 좋아했던 추억이 새록새록 생각납니다,

저는 마샬 아이롱의 마지막 세대이며 드라이기의 첫 세대라고 할까요. 처음 마샬 아이롱을 연탄불에서 버너에 옮겨 데워서 손님 머리를 하다 태워 먹기도 하고 제 손을 데기도 하면서 시작했는데 드라이기가 나오면서 편리해졌던 것 같습니다. 미용인으로 어언 40년, 뒤돌아보면 미용쟁

 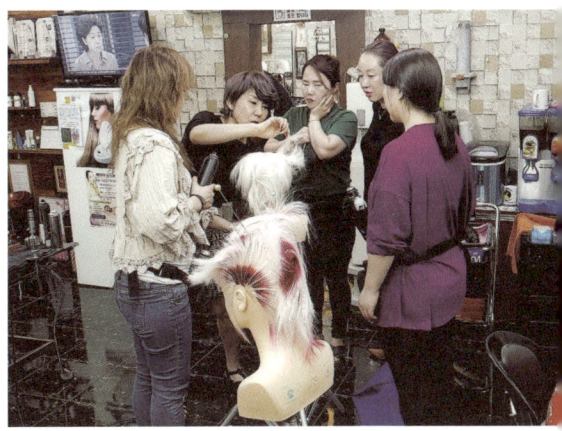

이, 미용실 원장님을 '마담'이라는 칭호로 낮추어 말하던 옛날이 그 시절이 있었네요. 정식 대학이 생기고 사회 각계각층에서 바라보는 미용사의 퀄리티를 올리는 데는 많은 미용 선배님들의 노고가 있었으며 그 추억이 주마등처럼 스쳐 지나가네요."

뜻있는 만남 그리고 미용을 위한 길

옛일을 회상하는 박소야 전 회장의 모습에는 미용계를 애틋하게 생각하는 마음이 오롯이 담겨있습니다.

박소야 전 회장은 일본 해외 연수 후 송부자 선생과의 인연을 지금까지 이어가고 있습니다.

"당시 업스타일과 아이롱 물결웨이브를 연출하는 송부자 선생님은 저의 우상이 되었으며, 우리 미용계의 발전을 위해서 저에게 큰 목표를 안겨 주셨습니다. 며칠 전에도 긴 안부 통화를 나누며 눈시울을 적셨습니다. 그 당시 말씀하신, 선생님이 피난살이 시절 대구에서 중학교를 나오시고 미용에 첫 입문하던 때 새벽에 일어나 화장실 청소하며 원장님께 칭찬받고 기술 하나라로 더 배울 욕심에 노력하셨다는 말씀은 아직도 생생합니다."

뜻있는 만남은 인생을 바꾸기도 합니다. 물론 그 귀중한 만남을 자기 것으로 소화한 박소야 원장의 마음자세가 오늘날의 박소야 전 회장을 만드는 밑거름이 되었을 것입니다.

"부지런한 자에게는 복과 돈이 저절로 들어온다는 믿음을 저는 굳게 믿고 있습니다. 저는 지금 진주시 하대동, 핫대동이라는 곳에서 유일하게 불경기와 상관없이 오롯이 미용생활만으로 4층짜리 빌딩을 소유하고 1층에 '박소야 헤어아카데미'를 운영하고 있습니다.

앞으로 저의 목표는 정원이 잘 가꾸어진 전원 미용실을 운영하고 싶다는 것입니다. 저의 미용실 고객 80%가 먼 곳에서 찾아오는 고객님들입니

다. 그리고 그 고객분들 모두가 '박소야가 아니면 안 된다.'는 말씀에 어디에 가도 살아남을 자신과 실력을 갖추고 있다고 자부합니다.

2009년 마산대학교 겸임교수를 시작으로 지금은 진주보건대 겸임교수를 하고 있습니다. 수많은 제자를 지도하며 저의 욕심과 필요에서보다 제자들을 가르치기 위해 저는 쉼 없이 교육받고 공부하고 있습니다."

미용 지도자는 쉽게 태어나지 않는다

박소야 전 회장의 노력과 마음자세를 잘 알 수 있는 대목입니다. 미용 지도자는 쉽게 태어나지 않는다는 것을 보여주는 예이기도 합니다.

박소야 전 회장은 앞에서도 말했듯 '헤어아트' 분야를 개척하며 미용인은 예술가라는 인식을 심어주기에 바쁩니다.

"지난해, 저는 헤어아트로 단체 전시회 2회. 개인전 1회 등을 성황리에 마쳤습니다. 그때 멀리서 소문을 듣고 고객 한 분이 '아내가 병환으로 하늘의 별이 되어 남은 머리카락을 예술로 승화시켜 영구 보관하고 싶다.'고 찾아오셨습니다. 수차례의 탈색과 클리닉을 반복하고 컬러를 입혀,

고인이 살아생전 핑크빛 장미를 좋아하셨다는 부탁 말씀을 상기하여 장장 3개월, 100여 일의 시간을 들여 작은 장미꽃 화병을 완성해서 드렸습니다. 의뢰인이 기대 이상으로 감사해하시는 모습을 보며 미용인으로서, 머리카락 예술인으로서 너무 보람있었습니다."

미용인의 위상은 스스로 높아지는 게 아닙니다. 이처럼 보이지 않는 노력과 실력이 결합되어 타인에게 감동을 선사할 때 시나브로 높아지는 것입니다. 박소야 전 회장은 이런 진리를 몸소 보여주고 있었던 것입니다.

"지금 저는 지난해 천년의 사랑으로 꽃피운 황금소나무 아트를 시작으로 철사공예와 머리카락 황금공예를 완성하기 위해 우리 경남의 미용인들과 함께 매진하고 있으며, 올해 60의 나이로 오랫동안 70, 80이 되어도 미용인으로 살아가기 위해 아침마다 남강둔치 자전거 하이킹으로 체력을 단련하고 있습니다."

박소야 전 회장을 생각하면 마음이 따뜻해짐과 함께 마음의 위안을 찾게 됩니다. 소녀 같은 맑은 심성을 가진 박소야 전 회장이 우리 미용계를 위해 우뚝 설 날을 기대합니다.

- 박소야 헤어아카데미 원장
- 대구대학 디자인대학원 석사
- 전) 마산대학 뷰케어학과 겸임교수
- 현) 진주보건대 뷰티과 겸임교수
- 국가기술자격 미용기능장
- 중소기업부 장관 백년가게 선정
- 2024 자랑스런 한국인 대상
- 2024 신지식인 인증
- 저서 헤어아트길잡이
- 전) 대한미용사회 진주시 지부장
- 전) 대한미용사회 경상남도 지회장
- 전) 대한미용사회 중앙회반영구 위원장
- 한국미용장협회 논문학술위원
- 보건복지부 장관상 표창

새로운 시작을 응원하며
- 이재숙 소장 -

미용은 인간에게 아름다움을 선사하는
예술 창작의 한 분야
미용의 예술성은
삶의 질과 만족을 고양하는 것
오로지 미용을 위해
미용교수로서 미용전문가로서
미용계 두루두루를 경험하면서
제자들을 육성하고
미용계의 확장을 위해 노력하면서
보낸 세월
그 성과는 이제
미용계 곳곳에서 빛을 발하네

후학들에게 멘토가 되고
미용인 모두의 귀감이 되네
정년 퇴직은 새로운 시작
미학연구소 '라 베르'
미용인들의 꿈이 시작되는 곳
미용 현장의 변화를 완성하는 곳
라 베르의 성장이
미용계의 성장으로 귀결하듯
모두의 응원이 모여
뿌리 깊은 나무처럼
반석을 놓으리라

지식과 살아있는 현장 경험을 접목하다

이 재 숙

미학연구소 "La belle" 소장

〈2022 광주 미용 이야기〉 전시회에서 첫 만남

"광주를 대표하는 미용명장들이 모여 우리 미용사에 큰 획을 그을만한 전시회를 열고 있다. 광주 전일생활문화센터에서 지난 10월 7일 개막한 〈2022 광주 미용 이야기〉는 광주 멋쟁이를 탄생시킨 최초의 미용실과 오늘날 광주 미용을 이끌어온 협회 지역 미용인들의 활동 및 그들이 지역 사회 전반에 미친 영향을 각종 사료와 작품을 토대로 재현한 획기적인 전시회다.

앞의 글은 기자가 지난 2022년 광주 전일빌딩에서 열린 〈2022 광주 미용 이야기〉 전시회를 다녀와서 잡지에 쓴 글의 일부입니다. 이 해, 10월 7일에 개막한 전시회에 참석하기 위해 기자는 이날 축사를 맡은 박준 뷰티랩의 박준 회장과 함께 광주행 기차를 탔습니다. 행사 시작 전 도착한 박준 회장과 기자는 전 전남도청 건물을 구경하며 광주라는 도시에 대해 많은 이야기를 나누었습니다. 그리고 전시회를 보며 박수와 감탄을 했던 기억이 새롭게 떠오릅니다.

그날 전시회는 폭을 확대해 미용계 전체 역사를 아우르는 행사로 발전되었으면 좋겠다는 생각을 하기도 했습니다. 이날 이야기를 길게 한 것은 이 행사 때 이재숙 소장을 만났기 때문입니다.

　이날 행사의 감흥은 무척 컸습니다. 행사를 주최한 김진숙 명장과 몇몇이서 근처의 주점에서 뒤풀이를 가졌습니다. 예향의 고장답게 뒤풀이 주점은 감미로운 음악과 함께 흥을 나누기에 충분한 분위기를 연출하고 있었습니다.

겸손하며 자기만의 소신 확실

　이날 처음 소개받은 이재숙 소장은 그 당시 광주여자대학교에 재직하고 계신 교수였습니다. 아담한 체구, 아름다운 모습, 교양을 두루 갖추고 있었습니다. 한국인체미용예술학회 회장 직도 맡고 있었습니다. 대화를 하다 보면 여러 가지 면에서 잘 맞는다는 느낌을 받는 사람이 있습니다. 이재숙 소장은 딱 그런 사람이었습니다. 겸손하면서도 자기만의 학문적 소신을 가지고 있었습니다.

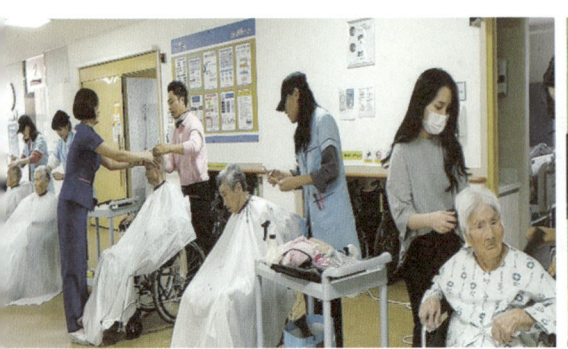
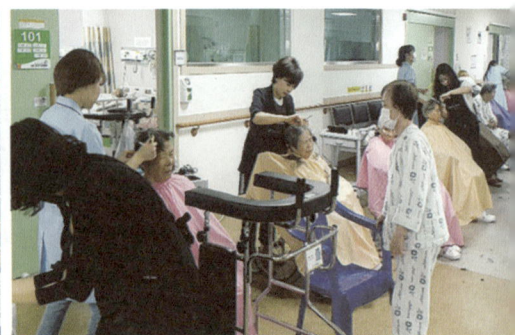

　기자는 이재숙 교수와 많은 이야기를 나누고 싶었습니다. 서울로 돌아와 몇 번의 행사에서 만날 수 있었고, 우리 잡지 2023년 월호에 〈"미용은 궁극의 미를 완성하는 작업"-한국인체미용예술학회 이재숙 회장〉편을 실을 수 있었습니다.

　당시 인터뷰에서 자기 소개를 해달라는 기자의 질문에 "교육자의 길을 가든, 어떠한 길을 선택하여 살아가든 누구나 존재와 삶에 대한 자기만의 해석이 있어야 한다고 생각합니다. 이는 자기 자신만의 고유한 삶의 향기가 있어야 하기 때문입니다.

　날마다 마음을 들여다보면서 신이 인간을 사랑하는 의미를 깨닫게 되다 보면 저절로 여유롭고 자유로워집니다. 제자를 양성하는 학자로서의 태도를 일관되게 유지한다는 것은 스스로를 자유롭게 하는 또 하나의 목표가 될 것입니다.

　내가 부족하다는 인식에서부터 자기반성과 각성은 시작되기에, 부족함을 아는 것은 매우 중요한 학자의 태도일 것입니다. 이러한 태도를 일관되게 유지하며 끝없이 日新又日新하며 오늘도 열심히 노력하고 정진하

고 있는 교육자입니다."라고 대답했던 말씀이 기억에 남습니다.

겸손한 마음가짐을 가졌으되 학자로서 자기 인식이 분명하였으며 자기 계발에 힘쓰는 모습을 볼 수 있었습니다.

현재 미학연구소 "라 베르(La belle)" 운영

현재 이재숙 소장은 올 2월 28일부로 교수직을 정년퇴임하고 "라 베르(La belle)"라는 미학연구소를 운영하고 있습니다.

"미용학과에서 쌓은 지식과 현장에서의 경험을 바탕으로, 연구소를 통해 새로운 이론과 기법을 연구하며, 현장의 변화를 지속적으로 살피고 있습니다. 앞으로도 미용 분야에서 변화를 이끌어내기 위한 연구와 교육 활동을 이어갈 계획입니다. 또한, 후학들에게 미용의 깊이와 진정성을 전달하고, 미용인들이 더욱 성장할 수 있도록 다양한 관점에서 돕는 멘토로서의 역할을 계속해 나갈 것입니다. 미용이 단순한 외모의 변화가 아니라, 사람들의 삶에 긍정적인 변화를 주는 중요한 분야라는 믿음을 가지고, 앞으로도 그 길을 끝까지 걸어갈 계획입니다."

한 마디로 지식과 경험을 바탕으로 미용계 발전을 위해 계속 노력하겠다는 말씀입니다. 이런 계획은 우리 미용계의 앞날을 생각할 때 무한한 희망이 아닐 수 없습니다. 지식과 산 경험을 바탕으로 하는 연구는 흔치 않기 때문입니다. 그래서 라 베르의 성장이 우리 미용계의 무한 성장과 맞물려 있다고 해도 과언이 아니라고 기자는 생각합니다.

우리 미용계도 세월이 흐르면서 많은 교수들이 학계에서 활동하고 있으며 또는 은퇴를 하고 있습니다. 그런 분들의 노하우를 어떻게, 어떠한 환경에서 어떠한 방법으로 미용계 발전을 위해 접목해야 하느냐가 미용계 현안 중 하나라고 기자는 생각하고 있습니다. 정책적으로 접목하기에는 시간이 필요합니다. 그러니 이재숙 소장과 같이 앞선 생각으로 정년 이후에도 미용계를 위해 노력하고 있는 분이 있다는 것은 무척 다행한 일이 아닐 수 없습니다.

미용교수로서 미용인으로서 화려한 이력

이재숙 소장의 활동 이력은 화려합니다. 2008년 광주여자대학교 미용

과학부 교수로 임명된 후 학과장, 대학원 주임교수 등을 역임하면서 한국미용학회 이사, 한국인체미용예술학회 편집위원장, 부회장을 거쳐 회장으로 다년간 활동했습니다. 20여 권의 저서와 논문 80여 편을 발표하여 학계와 학회발전에도 기여했습니다. 또한 배출한 제자들인 미용고 교사, 대학 전임교수, 현장 전문가들과 함께 미학을 생활화하기 위한 미용미학연구소를 운영하며 미용 발전을 위해 노력도 해 왔습니다.

이뿐만이 아닙니다. 미용기능장, 이용기능장 국가자격증을 기반으로 하여, 국가기술 자격검정 시험문제 출제 및 검토위원(미용사, 이용사), 이·미용기능장 국가기술자격검정 실기시험 감독 및 채점위원(미용장, 이용장), 기능경기대회 심사위원, 우수숙련인, 명장 선정 서류 및 실사 심사위원, 한국중등교원 임용고시 미용 문제출제, 채점위원 및 기획위원, 이·미용관련 기관 평가 등 다양한 심사, 출제, 평가를 맡으며 전문성을 인정받아 왔습니다.

이처럼 완숙한 지식과 풍부한 경험을 바탕으로 정년 이후에도 미용에 대한 사랑과 열정을 계속 이어가고 있는 이재숙 소장께 박수를 보내고 싶습니다. 이재숙 소장의 진취적 걸음걸음이 우리 미용계의 발전과 맞물려 있다고 기자는 단언합니다.

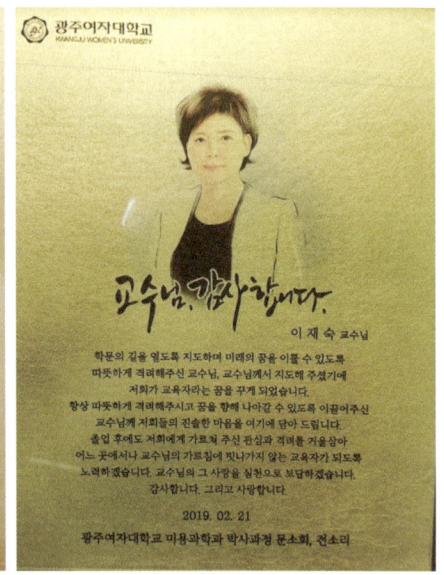

- 전) 광주여자대학교 미용과학부 교수
- 현) 미학연구소 "La belle" (라 벨르) 대표
- 현) 미용기능장, 이용기능장
- 전) 한국인체미용예술학회 회장
- 전) 한국중등교원 임용고시 미용 문제출제 및 채점위원
- 전) 한국중등교원 임용고시 미용 문제출제 기획위원
- 전) 전북중등교원임용고시 미용 문제출제 및 채점위원
- 전) 대한민국 명장 선정 서류심사 및 현장실사 전문위원
- 전) 대한민국 우수숙련인 선정 심사위원 및 면접위원
- 전) 기능경기대회 심사위원
- 전) 기능장 실기시험 감독위원 (미용기능장, 이용기능장)
- 전) 인권교육원 법정이사
- 전) 미용과학회 회장
- 전) 미용교수협의회 부회장
- 현) 중등학교 정교사 2급
- 현) 직업능력개발 훈련교사 1급

카리스마 넘치는 미용재교육계의 작은 거인
- 사이 리 대표 -

카리스마는
아무나 쉽게 얻는 게 아니지
천 년의 힘을 비축한 화산의 응집력과
고요한 나비의 날갯짓이 융합하면
카리스마가 탄생하지
무대 위에 선 그대의 모습도
이와 같아서
갈고 쌓은 내공의 힘과
미용을 향한 솟아오르는 사랑이
무대 위에서 꽃을 피우지
많은 이들에게 감동을 선사하지
이제 과거를 뒤로 하고
미래를 향한 새로운 기술
미용을 살찌울 그대 손안의 비법
새롭게 책으로 엮어내고 있으니
이 또한 카리스마 아닌가
아름다운 쇼
인내력의 끝판왕
미용인들에게
그대는
참다운 길라잡이가 되리

섬섬옥수, 손끝에 미용기술을 심다

사이리
사이리즘 아카데미 사이 리 대표

무대 위 넘치는 카리스마

　사이리즘 아카데미의 사이 리 대표, 하면 우선 생각나는 대목이 무대 위에서의 압도적인 카리스마입니다. 1990년대 후반부터 2000년대 초까지만 해도 미용계는 헤어 세미나, 헤어 쇼의 전성시대였습니다. 그 당시는 번성하는 재교육기관과 미용계를 대표하는 기업들이 앞다투어 대형 미용 세미나나 헤어 쇼를 통하여 많은 미용인들과 교류하던 시기였습니다. 나라의 경제가 휘청이는 IMF 시대였지만 반면에 미용계는 호황 아닌 호황을 누리던 시기이기도 했습니다.

　덕분에 미용계는 나라 경제와는 별도로 세미나와 헤어 쇼를 통하여 풍성하고 여유로운 삶을 살고 있는 듯했습니다. 미용인들의 삶의 만족도도 이때가 높았을 것이란 생각도 해봅니다. 많은 헤어 쇼 중에서도 사이 리 대표는 특출난 강사에 속했습니다. 미용계에서 연예인 이상의 관심을 받았다고 해도 과언이 아닙니다. 무대 위에 선 그의 모습을 보면 반하지 않을 수 없다는 말은 많은 미용인들로부터 들을 수 있었습니다.

1999년 사이리즘 아카데미 탄생

그렇다면 사이리즘 아카데미에 대해 살펴보지 않을 수 없습니다.

사이리즘 아카데미는 국내 최초의 미용 재교육 브랜드로, 1999년 4월에 설립되었습니다. 그보다 앞선 1996년, 영국TONI & GUY브랜드와의 계약을 통해TONI & GUY Korea를 창립하고, 전국 단위의 재교육 세미나, 특강, 헤어쇼 등을 진행하며 기반을 마련했습니다.

사이리즘 아카데미는 1999년 4월에 역삼동에서 시작해 동대문구, 신사동을 거쳐 현재는 강남구 삼성동에 위치하고 있습니다. 당시 미용학원은 자격증반과 연구반 등으로 구성되어 있었고, 학원 수료 후에는 헤어살롱에서 실무를 통해 성장해 나가는 구조였습니다. TONI & GUY아카데미와 사이리즘 아카데미의 등장은 미용인들에게 체계적인 재교육의 기회를 제공하였습니다. 사이리즘을 필두로 한국의 재교육 아카데미는 한국 미용 발전의 중요한 전환점이 되었고, 2025년 현재 사이리즘은 27주년을 맞이했습니다.

우연하게도 우리 잡지는 1999년 7월호로 창간했습니다. 기자가 창간 작업을 하기 시작한 때가 1999년 3월부터이니 사이리즘 아카데미와 출범 시기가 정말 비슷합니다. 같이 창립 27주년이 된 것은 당연한 이치이구요. 재미있는 인연이라고 말하고 싶습니다.

미용재교육계의 기린아이자 선봉장 역할을 했던 사이 리 대표는 "미용일과 교육활동도 즐거운 일이지만, 국내외 헤어쇼나 세미나에서 멋진 퍼포먼스를 선보일 때, 보다 역동적이고 강렬한 즐거움을 느낄 수 있었던 것 같다."고 말합니다. 그러면서 "특히 서적을 집필하고 출간했을 때의 기쁨은 말로 다 할 수 없을 만큼 의미가 깊었다."고 즐거운 기억을 소환합니다.

사이 리 대표는 지금도 꾸준하게 아카데미를 지키고 있습니다. 물론 미용재교육기관이 성행했던 2000년대 초 같지는 않지만 미용교육을 향한 그의 열정은 아직도 식지 않았습니다.

매년 한 권씩 단행본 출간할 계획

사이 리 대표는 현재도 교육에 전념하고 있으며 건강 관리에도 힘쓰고 있습니다. 2022년 4월에는 Design&Formula, 2024년에는 질감마스터, 2025년5 월에는 뉴베이직마스터라는 서적을 출간하였습니다. 정해진 기간은 없지만 매년 한 권씩 단행본을 출간하는 것을 목표로 하고 있으며, 내년에는 사이리마스터 레퍼런스노트 출간을 기획 중입니다. 그의 미용에 대한 열정을 알 수 있는 대목입니다.

사이 리 대표는 미용은 "아름다운 쇼"이자 "인내력의 끝판왕"이라고 말합니다. 테크닉과 감성이 어우러져 완성되는 디자인을 만들어내는 미용인의 일상은 마치 매일 펼쳐지는 한 편의 아름다운 쇼처럼 느껴진다는 것입니다. 그리고 인턴에서 디자이너, 원장으로 성장해가는 과정 속에서 요구되는 인내와 서비스 마인드는 그 자체로 배려와 인내력의 미덕을 담고 있다고 강조합니다. 무엇보다도 인생의 굴곡을 이해하고 타인을 배려하는 따뜻한 마음과 봉사 정신이 진정한 행복을 만들어가는 힘이라고 힘주어 말합니다.

미용에 대한 애정과 깊은 관심이 없으면 나타낼 수 있는 표현이 아닙니다. 그만큼 사이 리 대표는 미용을 사랑하고 있습니다. 그런 그에게 미용 재교육에 대한 견해를 물어봤습니다.

미용재교육의 선구자 역할에 대한 자부심

"한국 미용 역사에서의 미용 재교육은 분명한 의미를 부여하고 있다고 생각합니다. 한국 미용 재교육의 시작은 1996년 국내 최초 TONI & GUY Korea의 설립으로 볼 수 있습니다. 이는 당시 보편적인 미용학원의 틀을 넘어, 세계적인 브랜드를 통한 체계적인 재교육의 서막이었고 미용 재교육을 전국적으로 확장함으로써 미용인들의 수준을 업그레이드 시키는 계기가 되었습니다. TONI & GUY Korea에 이어 사이리즘 아카데미는 서울, 대전, 부산에 직영점을 운영하며 전국에 분교를 설립하게 되고, 커트 외에도 다양한 분야에서 재교육이 이루어지며 대학과 기업에서도 활발한 교육이 이루어졌습니다. 대학의 경영대학원 등과 2년제 전문대 및 4년제 대학의 미용학과 등이 개설되기도 했습니다. 사이리즘은 재교육 초기부터 올해로 27년째를 맞이하고 있는데, 코로나 이후 SNS나 살롱 자체 교육이 활성화되면서 재교육의 양상이 많이 변했습니다. 하지만 평생교육의 흐름 속에서 개인과 기관의 지속적인 노력은 한국 미용을 더 빛나게 할 것이라 확신합니다."

미용재교육의 선구자답게 그의 미용교육에 대한 철학은 확실합니다. 그리고 사명의식과 자부심도 강하게 느낄 수 있습니다.

사이 리 대표는 교육 후 수강생들로부터 감사의 손편지나 메시지를 받을 때, 그리고 사이리즘 강사 출신 제자들이 박사 학위를 받고 해외에서 활동하거나, 살롱을 오픈해 원장으로 성장해 가는 모습을 볼 때 감동을 느낍니다. 더불어 제자들과 수료생들이 국내외에서 활약하는 모습을 보면서 가장 큰 보람을 느끼기도 합니다. 제자 사랑이 남다른 그의 품성으로 미루어 충분히 짐작이 가고도 남는 대목입니다.

앞으로도 미용 재교육에 대한 사명을 이어가고 싶다는 사이 리 대표, 알고 있는 지식과 기술을 교육과 서적 등 그만의 방식과 창구로 나누고자 한다는 사이 리 대표, 매년 서적을 출간하는 것을 목표로 하고 있다는

사이 리 대표, 나아가 한국의 미용 재교육을 해외에 알리는 활동도 함께 추진할 계획이라는 사이 리 대표의 꿈이 하루 빨리 이루어져 한국 미용의 세계화가 앞당겨지길 바라는 마음 간절합니다

- 사이리즘 프로페셔널 대표
- 사이리즘 아카데미 대표
- S클럽 회장
- 카사 프로페셔널 회장 역임
- 르사크 프로페셔널 회장 역임
- 대한국제커트협회 회장 역임
- 숙명여대 초빙교수 역임(1999~2010)
- 일본동경미용전문학교 졸업
- 일본 TONI & GUY Japan 아카데미 수료
- 영국 TONI & GUY 아카데미 졸업
- 영국 Vidal Sassoon 아카데미 졸업
- 사이리즘 테크니컬 연구소 오픈
- 사이리즘 씨토 도구 사업 오픈
- 사이리즘 30개 분교 개설(특강교육)
- 아모스 헤어숍(아크팀)
- 그리에이트 헤어쇼
- 일진 헤어쇼(아크팀)
- 러시아, 홍콩, 태국 헤어쇼
- 이탈리아 볼로냐 코스모프로프 연속 2회 헤어쇼

- 사이 리 커트(대학교재용) 서적 출간(1999)
- 이미지트랜드 4&4 서적 출간(2003)
- 르사크 아방가르드 서적 출간
- 헤어살롱 매뉴얼 서적 출간
- 대한국제커트학회 클래식 출간
- 대한국제커트학회 어드밴스 출간
- 르사크 업스타일 서적출간
- Design & Formula 서적 출간(2022)
- 질감마스터 서적 출간(2024)
- 뉴베이직 마스터 서적 출간(2025)
- 사이 리 헤어 커트 2000 비디오 제작
- 사이리즘 이미지 트랜드 커트 비디오 제작
- 사이 리 커트 동영상 촬영(TV헤어)

詩로 쓰는 그대

발행일 2025년 8월 25일

지은이 이완근
발행인 박현순
펴낸곳 도서출판 드림포
편집 박보리

등록 2021년 3월 12일(제000-0000호)
주소 서울시 중구 서애로3길 16 수인빌딩 2층
전화 02-2285-0384
이메일 dream__4@naver.com

ⓒ이완근 2025

값 21,000원

ISBN : 979-11-979196-1-9 (03810)

잘못 만들어진 책은 바꾸어 드립니다.
이 책의 판권은 저자와 도서출판 드림포에 있습니다.
양측의 동의없는 무단 전재와 복제를 금합니다.